IGPI流

ローカル企業復活のリアル・ノウハウ

Kazuhiko Toyama
冨山　和彦
Industrial Growth Platform, Inc.
経営共創基盤

PHP
Business Shinsho

PHPビジネス新書

はじめに

「私、失敗しませんから」

これはある人気テレビドラマの主人公の女性外科医が放つ名セリフである。

我々ＩＧＰＩ（経営共創基盤）は数多くの企業の再生に関わってきたが、コンサルタントを外科医にたとえるなら、実際に取り組んだ案件、すなわち治療行為に着手した企業の中でもっとも治癒率が高いのは、実は地域に密着した中堅・中小企業、いわゆるローカル企業である。

本書の執筆者として名前を並べているような腕利きの企業再生ドクターたちが「治癒の可能性あり」と診断した事案については、ほぼ「私たち、失敗しませんから」と言い切れるくらいの再生実績である。

これに比べて、一見、世界を舞台に華やかに活躍しているように見えるグローバル製造業やＩＴ企業が経営危機に陥っている場合、その再生確率はけっして高くない。

普通、ローカル企業といえば、人口減で地域経済は縮小し、経済のグローバル化で産業は空洞化し、どうにもこうにも未来はないというイメージである。IGPIグループがみちのりホールディングスを核として再生に取り組んできた東北の地方バス会社群などは、「未来のない産業」というイメージを持たれてきた典型ともいえる。

逆に、グローバル展開を進めている製造業やIT産業には明るい未来への可能性が満ちているように捉えられがちだ。

しかし、現実の企業の生き残り確率は、このイメージどおりではない。それはなぜなのか？

そこにこそ、地域の企業と経済の再生の可能性、もっといえば、我が国の企業と経済が持続的な再成長を成し遂げる真の可能性が潜んでいる。

この可能性に関するマクロ的な分析については、すでに拙著『なぜローカル経済から日本は甦るのか　GとLの経済成長戦略』（PHP研究所。以下「GL本」）において、世界市場で戦う製造業を中心とした「グローバル経済圏の企業＝Gの世界」と国内市場においてヒトがサービスを提供する非製造業を中心とした「ローカル経済圏の企業＝Lの世界」との2つの経済圏に分けて観察する視点を提示した。

それでは、よりミクロな企業経営の次元において、企業の持続的な成長に向けてどんな可能性がそこにあるのだろうか? 本書では、その問いに対して読者の皆さんが読後、「腹落ち感」を持てるように書いたつもりだ。

本書で紹介しているいろいろな事例、ローカル企業の再生・再成長モデル、経営活性化に関わるノウハウは、すべて我々の実体験をベースにしたリアルなものばかりである。その中から、読者の皆さんが経営する企業、勤務している企業、取引している企業、あるいは融資先、出資先になっている企業が、閉塞モードの地方企業から未来あるローカル企業へと脱皮変身するヒント、とりあえずは市民大会のチャンピオン、そして県代表の企業へと成長するきっかけをつかんでいただければ幸いである。さらには、そこからグローバル企業へ飛躍して「金メダル」を取る企業が1つでも出てくるようなことが起きれば、まさに幸甚の極みである。

平成28年2月

経営共創基盤(IGPI)代表取締役 CEO　冨山和彦

IGPI流

ローカル企業復活のリアル・ノウハウ　目次

はじめに　3

プロローグ――あるローカル企業社長の独白

あるローカル企業の社長の悩み　19
社長の悩みが解消される日はくるのか？――急がば回れ　25

第1章　なぜ「ローカル企業の再生」は勝率が高いのか

1　ローカル企業の常識を疑え！――我々は座して死を待つしかないのか？……30
減少し続ける人口……、地域経済に未来はない？　30
ローカル企業は生産性が低く生き残れない？　32
域外から稼げなければ成長しない？――世界経済に域外経済は存在しない　34
グローバル化は地域経済への逆風？　36
グローバルリーダー人材がいないとダメ？　37

2　目指せ！　市民チャンピオン――ローカル企業は改善の宝庫……40
ダメな理由はすべて成功する理由　40

100メートル10秒を8秒に縮めるのと、30秒を20秒に縮めるのとどちらが簡単か 41
ローカル企業の多くは〝Low Hanging Fruits〟の宝庫 43
まずは国体の県代表、いや市民大会のチャンピオンを目指せば十分 43

第2章 業種を問わず、会社としてやるべきこと

3 企業の実態を把握する 46
あなたは会社のことが「見えていますか?」 47
「労働生産性の高さ」という指標 48
4つの経営テーマ:「事業」「財務」「組織」「経営・ガバナンス」 51

4 経営テーマ① 事業面 53
最近よく耳にする「事業性」 53
儲け増加の道具は2つだけ——「選択捨象マトリックス」と「改善積み上げ滝グラフ」 55
まずは、「選択捨象マトリックス」で「分ける化」 56
自社の「改善積み上げ滝グラフ」で今後やるべきことが明確にわかる 61

5 経営テーマ② 財務面……63
全社の稼ぐ力と借金が見合っているか？ 63
稼ぐ力が実質借入とバランスしていないとしたら 64
6 経営テーマ③ 組織面……68
長期的に生き生きし続ける組織の要件とは？ 68
何といっても賃金 70
7 経営テーマ④ 経営・ガバナンス面……74
経営とガバナンスのカギは、攻めと守り 74
会社のガバナンス機構をチェックしてみる 77
経営力の鍛錬を怠らないこと 80
いわれてみれば当たり前のことをすべてやりきる 82

第3章 業種によって異なる「事業の方向性」を見抜く術

8 いくつかの問題意識……86
モノ・サービスの品質へのこだわりを持つことはよいのだが…… 87

都市圏マーケットを狙え！　は正しい？　94
どんどん儲からなくなる兆候を見過ごしていないか？　97
勝負はすでに決まっている？　101

9

自社の事業を導く方向を探る……104

「事業の特性把握マトリックス」の活用　104
「筋がよい」のはどんな打ち手？　109
事業の変化・進化を捉える　116
エンドゲームからのバックキャスト　118

10

ローカルビジネスの持続的繁栄に向けて……120

カギは、生産性向上と集約化　120
ベストプラクティスを共有することによる生産性向上　123
密度の経済性を高めることの価値　127
独占できたとしたら　128

第4章　業績改善の事例――こうすれば会社は上向く、甦る

11　付加価値が厚く、生産性改善余地大の「外食業」…… 132

「改善積み上げ滝グラフ」で打ち手、効果をビジュアル化　135

労働集約的事業の改善ではスタッフの巻き込みがカギ　137

置かれている状況、レベルに応じた処方箋　138

12　規模よりも密度の経済性を意識すべき「小売業」…… 142

自社の強み、競争力の源泉は何？　それは他の地域でも通用する？　144

ローカル地域を中心としたエリアの選択と集中　146

13　付加価値が薄い傾向にある「卸売業」がやるべきこと…… 148

打ち手を考えるうえで必要なのは、まず、きめ細やかな見える化　149

「顧客側の変革を促す、新たな価値を生む」という視点　152

他社と補完関係を築くことでの生き残り　153

14　域外、グローバルでの勝負を挑む「製造業」の進むべき道…… 155

技を極めて一流パートナーとタッグを組む　155

独自ブランドを磨いてグローバルニッチトップを狙う　157

15
縮小均衡の地場産業的「製造業」、下請け的「製造業」におけるチェックポイント……159
儲かっている製品・儲かっていない製品が見えていますか？　160
将来を考え、先手を打って他社と組むという選択肢は？　161

16
競争要因が多種多様に及ぶ「宿泊サービス業（ホテル・旅館）」……164
稼働率をいかに高めるか、労働生産性のカギは多能工化　166
競争環境良化の観点　167

17
２０１８年が差し迫る中での、ローカル大学「学校法人（私立大学）」の改革…170
規制デザインの影響を受ける学校法人　171
学校法人においても見える化は有効　173
学校法人で有効な改善施策　176
地域の将来を考えたうえでの選択と捨象を　177

18
２０２５年問題を視野に入れたうえでの「医療・介護サービス業」の改革……180
一般企業同様の数値管理・マネジメントの意識を　180
医療分野で有効な改善施策　182

地域医療ネットワーク連携の必要性 184
将来的な役割変革の必要性を踏まえたうえでの対応を 185

第5章 ダメになる地域企業の死に至る病

19 2代目・3代目経営者が陥りがちな「いつも腹が据わらない」病……190
「その場を取り繕ってうやむやにする八方美人」病 190
「経営者が自分の発言を部下に書かせる＝自分で語れない」病 195
「『引き続き検討しましょう』が口癖」病 198
20 力の衰えたオーナーが陥りがちな「俺はジャイアン」病……201
「経営者がバッドニュースを何も知らない裸の王様」病 201
「青い鳥は都会にいると思い込んでいる」病 206
「『俺の成功は俺のもの、お前の成功も俺のもの』と考えるジャイアン」病 212
「派手好き、見栄っ張り、有名人大好き」病 214
21 恐怖～緊張～萎縮～太鼓持ち、「独裁経営の死に至る」病……217
「沈黙は金なり？」病 217

「幹部層と若手で世代の断層が生まれている」病 218

第6章 金融機関とどのように付き合うか？

22 金融機関取引における勘違い（銀行取引あるある）…… 224
大手「○○銀行」の手形がカッコいい？ 226
金利さえ安ければ、銀行なんてどこでも同じ？ 228
仕返しが恐ろしいので一行取引？ 230
長年の付き合いだから大丈夫？ 232
細かなことを口うるさくいうから、他行から借りる？ 234
銀行からOBを受け入れているからウチは安泰？ 237

23 「銀行」ってどんなところ？…… 240
銀行はチェックアンドバランス（頭取1人で決められない） 240
〝熱い思い〟も数字で説明しないと、審査部門は説得できない 242
担当者は異動する（ウマが合っても合わなくても、次も同じとは限らない） 243

24 ローカル企業が成長していくための銀行との付き合い方……246
〝借りてください〟に乗せられる前に……246
うるさい銀行ほど、よき相談相手かもしれない 248
そのビジネスマッチングは、自社の戦略にフィットしている? 250
そのM&Aは、事業経済性に適っている? 252

25 事業再生に協力してもらうための銀行との付き合い方……254
苦境に陥った原因は率直かつ正直に 254
売上は保守的に、経費をどこまでコントロールできるか? 256
リストラにもお金がかかる 258
銀行への依頼事項はリスケジュール? ニューマネー? 259
計画の打ち手は、あとあと拾える数字?(でないとPDCAは回らない) 260
改善計画の出口をどうするか 262

エピローグ

エピローグ1 265

エピローグ2――もう1つのストーリー〈撤退～事業譲渡編〉 269

ＩＧＰＩ流　ローカル企業復活に向けた「心構え」 277

装幀写真：永井　浩

プロローグ――あるローカル企業社長の独白

あるローカル企業の社長の悩み

これから始まるショートストーリーは、読者の皆さんにこの本を通じてお伝えしたい内容と問題意識（社長の悩み等）について、より具体的に共有するための前菜として描いている。

主人公の中田は〇〇県を中心に五十数店舗展開している居酒屋チェーン企業の2代目。もともとは、東京の大学を出て、そのまま東京の中堅商社に勤め、そこで結婚、家庭も築いていたが、父親が高齢となったため、地元に帰り会社を継いだ。地方でよく見かけるタイプの2代目社長といってもいい。エネルギッシュだが、合理性に欠けた父親を反面教師に、安定経営を心掛けている。彼が抱える悩みについて、部下、銀行との会話を通じ表していきたい。

《社長室にて》

中田は社長室の椅子に深く腰掛け、各店舗のこの数カ月の売上を見ながら頭を抱えた。

「どの店も売上が前年対比割れか……。大型チェーンとの争いも激しく、単価も客数も下落している。このエリアは人口も減っているし、その小さなパイを大型チェーンと奪い合って、このまま消耗戦に引きずり込まれたら……」

ため息をついたあと、

「このままじゃ、今期も赤字、2期連続赤字か……株主、銀行にどう説明したものか」

とつぶやいた。

トントン。

「社長、おはようございます」

声に続いて、管理本部長の川村と営業本部長兼店舗開発責任者の神山の2人が社長室に入ってきた。川村は先代社長から仕えている、いわゆる番頭的な存在だ。会社に対する忠誠心も高く、信頼がおける存在でもある。ただ、この会社での勤務年数も40年を超え、これまでのやり方に染まりすぎているのが玉にきずだ。また、中田にとっては子どもの頃から、面倒を見てくれた人でもあり、なんとなく未だに「ボンボン」扱いされているようで、居心地の悪さを感じている。

神山も同じく、勤務年数は長いが、どちらかというと川村と性格は真逆で、オーナーの薫陶を受けすぎたのかイケイケのスタイルを未だに引きずっている。

中田は2人に対して、社歴も長いし経験も豊富だからそれなりの待遇で扱ってはいるが、何かというと前オーナーのやり方を踏襲したがる2人にやりにくさを覚えている。ただ、「この2人を外したら会社が回るのか」という不安がよぎるため、踏ん切りがつかずにいる。感覚としては、社長の両腕の羽に2人が乗っかっていて、飛び上がりにくいというのが正直な気持ちだ。

部屋に入った2人は社長室のソファに深く腰掛け、管理本部長の川村が話し始めた。

「決裁いただきたい事項をいくつか持ってまいりました。まず、店舗のアルバイトの10名の採用の件ですが、決裁をお願いいたします」

社長は書類をパラパラとめくりながら、いくつかの数値が気になり、川村に問いただした。

「川村さん、バイトさんの時給ですが、また上がったのですか？　2年前に比べて2割増しですよ。こんなに払う必要ありますか？」

川村は、その質問は想定内という顔で社長に回答をした。

「社長、今はこの時給でもやっと人を採用できている状況です。この辺の人手不足は深刻で、条件を上げていかないと離職は止まらないですし、採用もできないんですよ」

社長は、今日何度目かのため息をついた。

「売上が落ちて、人件費は上がるのか……。こんなんでやっていけるのか。ちょっといろいろ見直していかないと……」

「まあ、現場は精いっぱいがんばってるんですがね……」

「わかりました。まあ、そうはいってもいろいろ考えていきましょう。神山さんのほうは？」

「社長、私も営業の責任者としていろいろ考えましたが、このエリアで勝負するのは限界です。ここはどうでしょう、東京で勝負しませんか？　我々の魚を中心とした居酒屋は東京で受けるんじゃないかと思うんですよ。実際に……」

川村が、少しイラつきながら神山の話が終わる前に、割り込んだ。

「神山君、そんな金どこにあるんだね？　ただでさえ、赤字続きで資金繰りが厳しいのに。もっとシフトの見直しとか、食材コストの見直しとか細かい施策を積み上げていったらどうかね」

「いやいや、川村さん、そんなことやっても効果はたかがしれてますよ。そんな現実ばかりいっているから、いつまでたってもうちの会社は変わらんのです。こういうときは思い切って、当たって砕けろ！　ですよ。やらなきゃ始まらないんですよ」

「当たって砕けろって、中学生の初めての告白じゃないんだから……」

　2人が言い争うのを黙って聞いていた中田は、少し呆れながら右手を上げ、2人の話を止めた。

「まあまあ、そんなに熱くならずに。今日はこれからメインバンクの○×地銀の支店長さんもいらっしゃる。意見を聞いてみよう」

《支店長との会話》
支店長の玉田は冷静沈着なタイプでいつも貴重な意見を与えてくれる。几帳面な彼らしく、今日も約束の時間きっかりにやってきた。
社長室のソファに少し浅く座りながら、社長に対して前かがみに話しだした。

「こんにちは、中田社長。最近すっかり冷え込んできましたね。そろそろ忘年会の予約が入る時期じゃないかと思うのですが、どうですか最近は？　実は先週、御社の店舗を使わせてもらったんですけど、以前ほどの活気が感じられず心配しているのですが……」

中田は今日の玉田の話しぶりに、少し厳しさを感じ、ゆっくり言葉を選びながら話した。

「支店長、おっしゃるとおり、なかなか厳しい状況です。これ以上、このエリアで勝負するのは限界かなと。ちょっと社内でも議論をしているんですが、東京への店舗展開も含めて考えているんですよ」

「そうですか……。実際どうなんです？　このエリアで利益を上げるのはそんなに難しいですかね？」

なんとなく、当社の窮状をエリア・市場のせいにしようとしている中田の気持ちを見透かすような玉田の発言に、中田は少し動揺し、返答に窮した。

玉田は質問を続けた。

「御社はかなりの店舗数をお持ちですが、何割ぐらいが赤字なんですか？」

「うーん、店舗の収益は3分の1の店舗が赤字といえば、赤字ですし、そうじゃないといえばそうじゃないですし……。これはどのコストをどこまで割り振るかによって変わるので一概にはいえないですね。こんなことも明確にお答えできずお恥ずかしい話ですが……」

居心地が悪そうにソファの座り位置を変えながら答えた。

話を聞いた玉田は、出されたお茶に口をつけ、しばらく考え込んだ。そして意を決したように、はっきりした口調でしゃべりだした。

「中田社長、弊行として御社を支え続ける気持ちに変わりはございません。ただこのまま成り行きのまま進んでも状況が変わらないというのは、社長が一番ご存じだと思います。今後の抜本的な事業再生計画を作りませんか？　その内容を見て我々も御社への支援のやり方を考えたいと思います」

「抜本的ですか……」

我々に再建の道はあるのだろうか……。中田は今日、10回目のため息をつきながら考え込んだ。

社長の悩みが解消される日はくるのか?――急がば回れ

このショートストーリーは、中小企業にて起こりがちな問題をいくつか内包している。

ターンアラウンド実績（営業利益率推移）

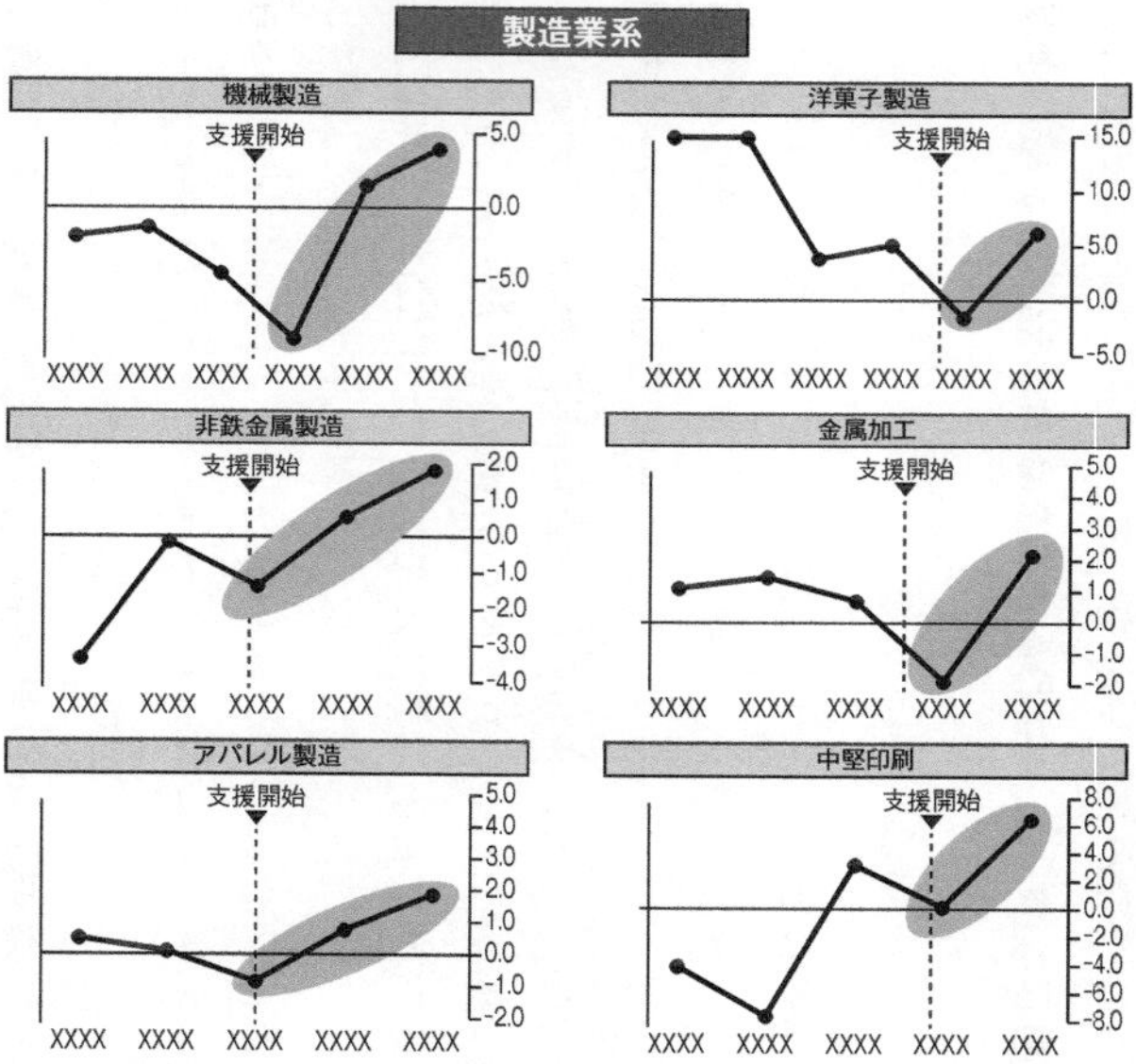

たとえば、「都会への進出は正しいのか？」「金融機関との正しい付き合い方は？」「コツコツ系か？　あるいは一発逆転か？」「2代目社長を支える体制とは？」「先代からの番頭離れをどうやるか？」などだ。おそらく、こんな悩みを抱えている社長は全国津々浦々、非常に多いはずで、実際に我々はこういった悩みをこれまでたくさん聞いてきた。

そして、もし、我々ＩＧＰＩが中田社長から、「この状況で再建できますか？」と相談されたら、答えは「Ｙｅｓ」だ。話を聞いて

図表1　事業再生支援――最近の支援企業の

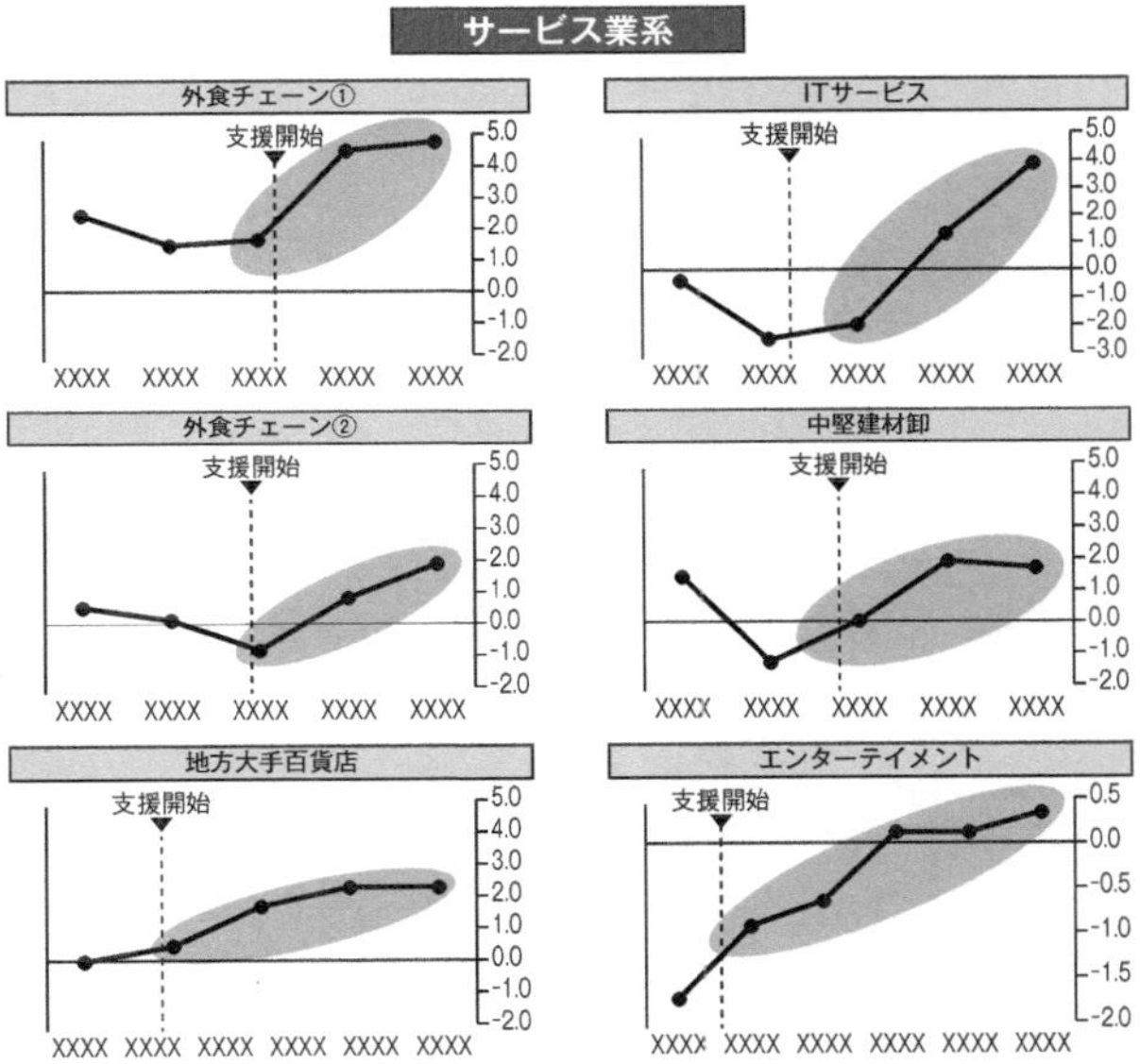

いるだけでも、改善の伸び代がたくさんあるのが想像できる。

ただ、そのときの我々の手法は、非常に地味だ。飛び道具や突飛なアイデアを使うわけではない。ましてや「当たって砕けろ作戦」なんて絶対にとらない。当たり前にやるべきことを、コツコツ地道に行なうだけだ。そして、その手法で我々は数多くのローカル企業の再生を成功させてきた（図表1）。

これから皆さんには、前述の問題意識も含め、我々の手法についてご披露していきたい。

第1章

なぜ「ローカル企業の再生」は勝率が高いのか

①ローカル企業の常識を疑え！――我々は座して死を待つしかないのか？

減少し続ける人口……、地域経済に未来はない？

少子高齢化に起因する人口減少社会では、生産労働人口が先に減少する一方で、高齢者が退職後、基本的に生産せずにもっぱら消費する側に回るので、構造的な人手不足が起きる。しかも、この人手不足は出生率が2を超えてしばらく経たない限り解消しない。すなわち数十年単位で続くことになる。

企業経営上、需要に対して供給力、とくに労働力が不足している状況は、相対的に「景気がよい」状態であり、経営的な打ち手の自由度は非常に大きい。我が国における企業経営上、もっともストレスの大きい人員整理の問題を心配せずに、事業の選択と捨象や合理化投資、ＩＴ投資ができるのである。そうしたさまざまな工夫が可能ということは、利益成長の機会を捉える確率を高め、ひいてはいろいろな売上成長の機会をも生み出す。これはまさに東北の地方バス会社の再建で我々が実体験してきたことである。

そもそも過去１００年で世界全体の経済規模は約40倍になったといわれているが、その間、世界の人口は４倍程度にしかなっておらず、残りの10倍分はイノベーションによって生産性が高まったことによるものだ。生産性とは生産付加価値を投入資源（資本と労働）で割った概念なので、要は新たな付加価値需要を生み出したことと、それをより効率的に供給する方法を考え出したということが、最大の経済成長ドライバーだった。歴史的な事実として、人口要因よりも生産性要因のほうが効いてきたのである。

最近20年ほどの期間においても、米国やドイツと比べ、日本の成長率が顕著に低かった説明因子としては、人口因子よりも生産性因子のほうがはるかに効いている。この議論は地域経済においても本質的に変わることはない。域内の人口減少のせいで、そこで活動する企業に未来はないというのは間違いである。

むしろ競争という観点からは、人口減少によって「縮む」イメージがあるがゆえに、競争者が殺到するリスクは小さく、いわゆるブルーオーシャン的な状況を作りやすい。ＧＬ本でも触れたが、この傾向はローカルな世界のいわゆるＬ型産業においてより顕著である。

つまり、人口減少だからこそ、個々の企業においては、経営改革を進め、イノベーションを起こし、競争優位性を構築できるチャンスが大きく広がっているのだ。

ローカル企業は生産性が低く生き残れない？

一般にローカル経済圏の主役である非製造業や一次産業、そして中小企業は生産性が低いとされている。実際、データ的にも我が国のサービス産業の生産性、とくに賃金と大きな相関のある労働生産性は、国際比較、製造業比較の両面で低い（図表2、3参照）。

だからローカル企業はダメなんだという議論が出てきがちだが、我々の経験則では、まったく逆である。生産性の低さが、その業種のすべての事業者にとって経済構造や競争市場構造から宿命的になってしまっている真の「構造不況業種」なら別だが、現実にはそんな業種は滅多にない。

むしろよく見ると、潜在能力の高い会社は少なくなく、そうした会社がちゃんと経営の改革・改善を進め、生産性と競争力を高める一方で、ダメな会社の退出、新陳代謝を進めれば、個別企業レベルでの持続的な収益成長可能性はさらに高くなる。

現状、生産性が低いということは、経営力が今ひとつなだけで、やりようによっては

図表2　非製造業の労働生産性の国際比較

日本の生産性は、米国の5割程度にとどまっており、欧米諸国(独、仏、英)と比較しても低水準となっている

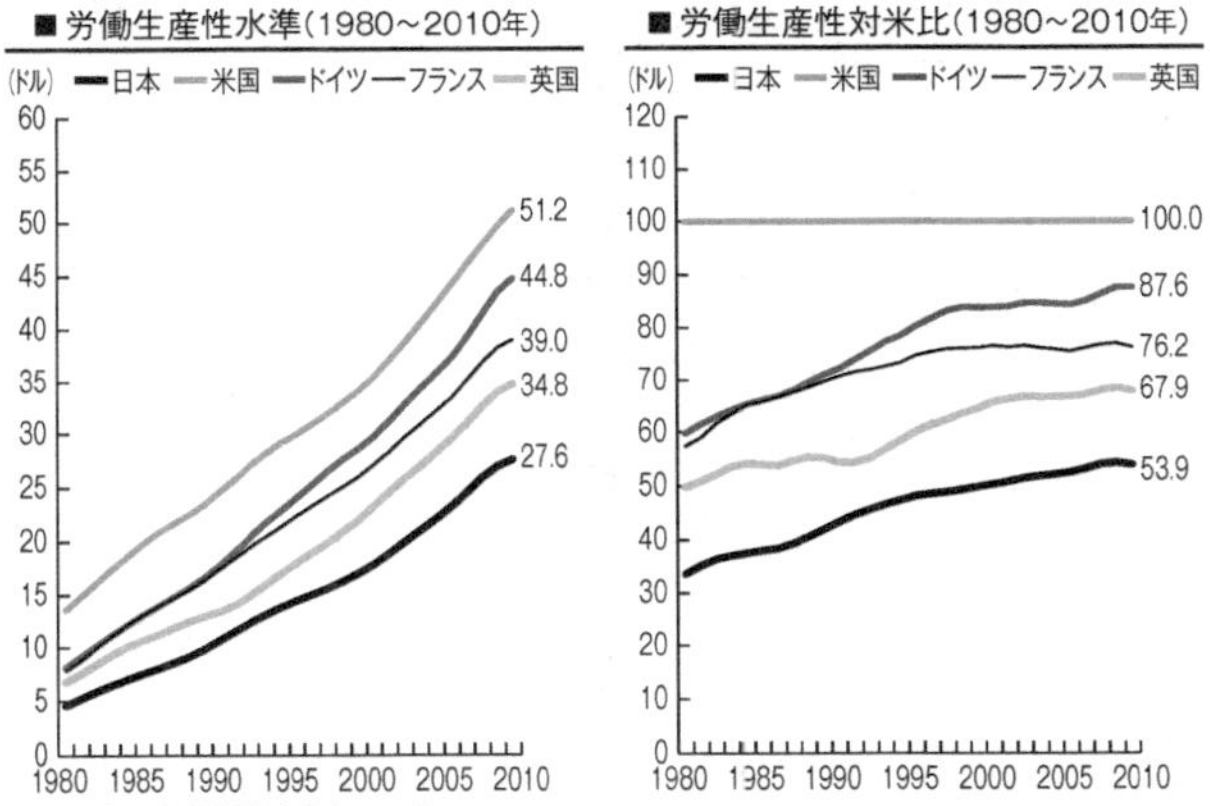

出所：経済産業省『通商白書 2013』

図表3　我が国の産業別の労働生産性水準(対米国比)

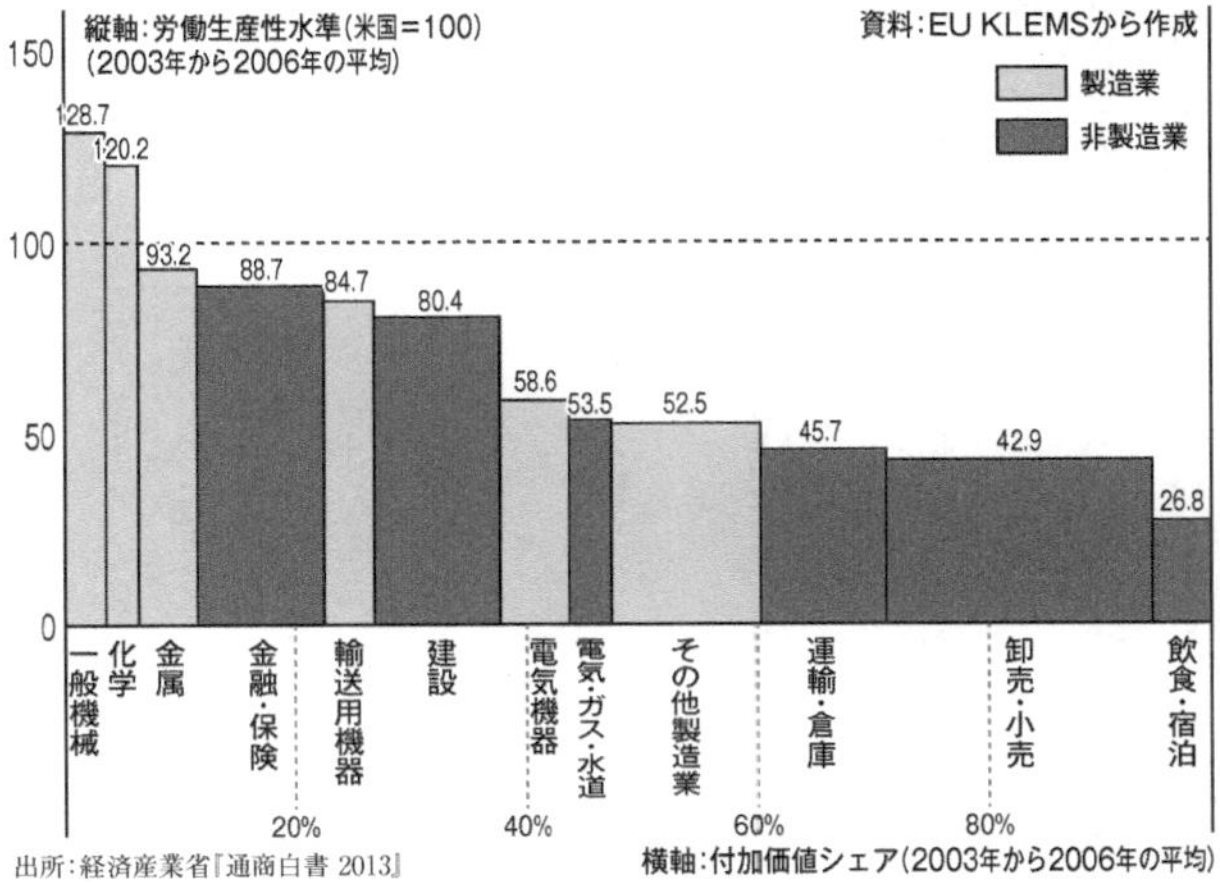

出所：経済産業省『通商白書 2013』

「伸びシロ」の大きな会社が、ローカル経済圏にはたくさん存在することを示唆している。これは我々の経験則とも合致する。ローカル企業の現状の生産性が変わらない前提であれば、「だから明るい未来はない」「生き残りは難しい」となるが、我々の見立てでは、ローカル企業や中堅・中小企業の生産性の低さは、経営力の不足や経営人材の薄さに起因している場合が少なくないのだ。現状の生産性が低いからこそ、成長余地は大きいといえるのである。

域外から稼げなければ成長しない？――世界経済に域外経済は存在しない

もう1つ、ありがちな議論に、

「地域経済は人口減少で縮む一方なので、経済と企業を再生するには域外から稼ぐ産業を作り、逆に域外に富が流出している産業を域内化すべきだ」

というものがある。言い換えれば、製造業である、あるいは観光資源があるなど、域外経済圏から経常収支を稼げる産業や企業でないと成長できないという話だ。

しかし、よく考えてほしい。世界経済は過去100年で約40倍、この30年間でも年率3～5％くらいのペースで成長した。その世界経済は月や火星の「域外」経済圏から経常収支を稼いできただろうか？

答えはまったくノーである。世界という単位では完全に内部循環経済しかなく、その中でも世界経済はしっかりと成長してきたのである。域外経済から稼げないと成長しないという発想は、高度成長期の加工貿易立国や、さらにはその昔の重商主義から抜け出せない発想であり、重商主義を批判して自由貿易論を唱えたあのアダム・スミスが聞いたら、「21世紀になってもそんな議論をしているのか」と苦笑いするに違いない。

大事なことはその「稼ぎ」の出元が域外か、域内かに関係なく、自らの絶対優位、比較優位を見極めてちゃんと生産性の高い仕事をし、しっかりと収益を上げ、その上昇分を賃金と将来投資に回す好循環を創り出すことである。域内でやっても生産性が上がらない構造にある財やサービスを、より生産性の高い隣の地域から「輸入」するのをやめて、無理やり域内で生産しても、企業は成長せず、賃金は上がらず、地域経済も成長しない。

もちろん域内だけでなく、域外からも稼げるということは、対象市場が広く大きいことを意味しているので、悪いことではない。しかし、より本質的に大事なことは、当該地域の優位性、当該地域の企業としての優位性を徹底的に突き詰めて、正しいビジネスモデル、経営モデルを選択することなのだ。我々の経験では、この選択ができていないローカル企業はたくさん存在する。地域経済の縮小に怯えるあまり、何の優位性もない隣県、さらには東京、世界へと出ていって、赤字と不良債権のヤマを作って倒産する企業は少なくない。そうした間違いを正すだけでも、ローカル企業の業績は大幅に改善する。

グローバル化は地域経済への逆風？

よく似た議論で、「グローバル化やＴＰＰの発足で、ローカル経済の空洞化がさらに加速して、地域の企業は苦しくなる」という愚痴というか、言い訳もよく耳にする。

これまた先述のＧＬ本、さらにはその前に我々が著した『ＩＧＰＩ流　経営分析のリアル・ノウハウ』（ＰＨＰ研究所）で詳しく述べているが、ローカル産業の中心となっているサービス産業の多くは、いわゆる分散型の経済性を有する産業で、地域内、商圏内の密度、密着度を高めることが競争に勝つ第一条件である。言い換えれば、グローバル化が進んでもあまり影響を受けないタイプの産業なのだ。

逆にグローバル製造業の大規模工場の誘致が、必ずしも地域経済の持続的成長に貢献してこなかったという事実が示すように、こうした「貿易財」を扱うＧ型産業は、世界中に最適な立地を求めてその機能を移動させられるし、移動していかないと競争に勝ち残れないのである。

だから、そうした産業に地域の経済や企業の再生を賭けるのは、非常に大きなリスクを伴う。ここでも世界の中で、その場所で経済活動を行なう持続的な優位性が際立っている必要性があるが、そこまでの産業と地域の組み合わせ、たとえば小松市とコマツに代表される建機産業のようなケースは、そう簡単には成り立たない。

そのため、ほとんどの場合、グローバル化の進展は必ずしも地域の経済や企業にとって逆風ではないし、円安などでグローバル経済圏が元気になっても、それがすんなりと地域企業の順風になるわけでもないのだ。

「インバウンド観光」などがその典型だが、地域と企業の粘り強い経営努力なくしては、順風はつかめない。ここでもまた、その順風をつかめていないローカル企業がたくさんいるということは、そのまま伸びシロ、成長のチャンスがあるということを意味する。

グローバルリーダー人材がいないとダメ？

このような話をすると、「地方にはグローバルなリーダー人材がいないので、経営やサービスにイノベーションを起こして、生産性を高めるなんて無理だ」という、これまた愚痴のような言い訳のような声が出てくる。

しかし、本書を読み進めていけば、すぐにわかっていただけると思うが、多くのローカル企業の再生と再成長にとって重要なのは、しっかりと地に足を着けた、地味な努力の積み重ねである。「分ける化」「見える化」して、業務、事業、商品ごとの収支の改善努力を行ない、儲かることを一生懸命やり、儲からないことは儲かるように改善するか、それが難しければやめる——。緻密に地道にPDCA〈Plan〈計画〉、Do〈実行〉、Check〈検証〉、Action〈対策〉〉を回し続けることが、ローカル企業の経営の基本なのだ。

だから、ハーバードだのスタンフォードだのという類《たぐい》のMBAを持っているグローバルエリートはまったく不要だし、派手なスーパーカリスマ経営者もいらない。それなりの資質を持っている人が、正しく努力し経験を積めば、かなりの確率で到達できるであろうレベルの実務的な経営人材こそが求められている。

もちろん多くの地方は、何世代にもわたって東京に人材を持っていかれ、リーダー人材の空洞化が起きている。しかし、東京の側では、まさにグローバルリーダー人材が求められる傾向が強まっている中で、中途半端な状況に陥る優秀な人材が増えているのも事実である。そういった人材の中には、強い志を持って、然るべき経験とトレーニングを積めば、ローカル企業で大活躍できる人材は少なくない。地方バス事業の再生を含め、ＩＧＰＩによるローカル企業の再生、再成長も、そうしたタイプの人材に支えられているケースが多い。ここにも改善シロは満載なのだ。

② 目指せ！　市民チャンピオン――ローカル企業は改善の宝庫

ダメな理由はすべて成功する理由

ここまでの議論ですでに明らかなように、現状のローカル経済、ローカル企業がダメだとされる理由のほとんどは、そのまま成功する理由に置き換わるものだ。もちろん、しっかりした経営人材がいて、しかるべき意志を持って、経営改革、改善に粘り強く取り組むことが前提だが、その気になれば、ほとんどの業種で、業績を大幅に向上させられる高いポテンシャルを持っているローカルな中堅・中小企業は相当数存在する。

もちろん、そこまでのポテンシャルのない企業、あるいは後継者不足の問題などで強い意志を持ってがんばるのは難しいという企業もいる。人手不足の時代に入った今、そうした企業が無理やり存続し続ける社会的意義は乏しい。むしろ下手にがんばり続けて債務超過のゾンビ企業になってしまうと、個人連帯保証を入れているために経営者一族郎党が破産しなくてはならないので、事業をやめるにやめられないという悲劇の拡大再生産になってしまう。こうした企業にとって大事なのは、そうなる前に事業譲渡を含めた穏やかな方法での退出を模索することである。

このような新陳代謝をスムーズに進めることで、生産性向上が難しい企業が過当競争による安易な「安売り」などで、高いポテンシャルを持っている企業の足を引っ張ることがなくなれば、強いローカル企業がより強くなる可能性はさらに高まる。

100メートル10秒を8秒に縮めるのと、30秒を20秒に縮めるのとどちらが簡単か

事業の見立てというと、ついつい世界的に見てもすごいパフォーマンスを誇る事業や会社に目がいくものだ。しかし、短距離走ですでにオリンピック並みの能力、100メートルを10秒近くで走っている選手の記録を2割、3割というレベルで高めるのは極めて難しい。

しかし、30秒で走っている人に正しい走り方をコーチできれば、20秒で走れるようになる成功確率はかなり高い。実に3割以上の生産性改善である。

実はローカル企業の多くで問われているのは、後者の問題である。その企業が本気で正しい走り方を身につけようという意志を持ち、少々苦しいトレーニングを続けることができれば、20秒で走れるようになる可能性は高い。

そして、前にも述べたように、ローカル経済型のビジネスは分散的な競争構造であり、オリンピック級の記録を出さなくても、地域でトップクラスであれば十分に生き残っていけるし、業績も上向かせることができる。逆にエレクトロニクス産業や自動車産業のように完全にグローバル化した産業領域においては、自らの事業ドメインで世界のトップクラス、100メートル競走なら10秒を切るレベルでなければ生き残ることはできない。はた目には世界中に市場機会、成長機会があって素晴らしいと映るかもしれないが、戦っている当人にすれば非常にタフで厳しい世界なのである。

トヨタ、コマツ、オムロンといった世界トップクラスのモノづくり企業の、さらにその中でもトップクラスの工場に連れていかれて、「IGPIさん、この工場の生産性を3割上げてください」といわれても、正直、おそらく手も足も出ない。

しかし、それなりの潜在力があるにもかかわらず、経営のやり方がまだまだなために業績が上がっていないローカル企業であれば、我々が生産性や競争力向上に大きく貢献できる可能性ははるかに高い。すなわち、より多くの企業、より多くの人々にとっての現実的なチャンスは、ローカル経済圏、ローカル企業にこそ存在するのだ。

ローカル企業の多くは〝Low Hanging Fruits〟の宝庫

より取り組みが容易で、かつ改善効果の大きい課題を、英語でLow Hanging Fruits（低いところにぶら下がっている果物）と表現する。ローカルな中堅・中小企業、そしてローカル経済全体は、実はこのLow Hanging Fruitsの宝庫なのだ。

ただ、さすがに今のままではそれをつかむことはできない。少しジャンプ力をつけて飛びつくか、急がば回れで脚立をしっかり作ってから取りにいくか、はたまた昨今流行のIoTやAI技術を導入して地上から簡単に届くような採果機器を開発し高効率でばんばん取るか、いろいろなアプローチがあると思う。いずれにせよ、目的に向かい真摯な努力をする企業にとっては、非常に大きなチャンスが横たわっているのである。

まずは国体の県代表、いや市民大会のチャンピオンを目指せば十分

もちろんローカル経済圏から、何がしかグローバルに通用するような大イノベーションを起こして、世界に羽ばたいていく企業が出てくるのは素晴らしい。鳥取県出身の錦織圭

選手が男子プロテニスのトップ10に入って世界で大活躍しているのと同様だ。

ただ、多くのローカル企業にとっては、国体の県代表、いや市民大会のチャンピオンになれれば、たいていの場合、十分に生き残っていけるし、成長可能性も手に入れることができる。その結果として、当初は思ってもみなかった潜在的才能が開花して、グローバルに羽ばたければもっとよしである（実は私自身、そういう大躍進に遭遇した経験もある）が、まずは千里の道も一歩からだ。

第2章

業種を問わず、会社としてやるべきこと

3 企業の実態を把握する

ここからはＩＧＰＩが、「当たり前のことを当たり前にやる」と自分たちにも対象企業にも伝えながら、実際に行なっている取り組みを紹介していく。

読み進めてもらえればわかるのだが、ウルトラＣもなければ、マジックもない。分析の工数をしっかりかける必要があったり、ある種の決断がカギだったり、徹底してやりぬく根気が必要だったり、これまでのやり方を見直すストレスがかかったりはするが、ほとんどの企業にとって、講じることが可能な打ち手ばかりだ。むしろ、やりきる覚悟と、実行する人材、そしてちょっとしたノウハウさえあれば、誰でもできることである。自社、取引先の状況を思い浮かべながら、「自分たちがやるとしたら」という意識で、読み進めていただきたい。

あなたは会社のことが「見えていますか？」

会社としてすべきこと、その全体像を構想するプロセスにおいて、「この情報があったら、これが間違っていないか検証できたら……」という場面が多々ある。支援を開始した段階で、「顧客別、地域別、チャネル別、製品別という切り口での売上貢献や利益率分析、どこが儲かっていて、どこが儲かっていないか？」についてクリアに把握できることは、まずないといってもよい。

そもそも「エクセルを使えるスタッフは彼と彼女しかいないので、そこまでの分析はできない。ぜひ、情報収集から手伝ってほしい」という場合も多い。「基礎的な現状把握すらできておらず、やるスタッフがいなくて困っている」状況を放置した企業である。

トータルで儲かっていないことは明らか。そのうえで、対策を講じるべく、原因と背景を探るためにディスカッションを繰り返している組織は多いのだが、会社上層部はエクセルを使えず、また分析のやり方の指示もうまくできない。そのために目指す姿と現実のギャップ、すなわち問題構造の「見える化」がほとんどできていないケースも多い。

我々がある会社の支援を検討する際には、打ち手の全体像について、漠然とした仮説を持っている。ただ、会社が変わったという域まで全社一丸となって取り組むには、「課題の全体像」「実行する内容とその価値」「やり遂げて成果を出せることへの確信」を持つことが重要である。「見えている」ことは変革を始動するうえでの必須なのだ。

これまでの知見に基づく「勘と経験による経営」の話を聞いただけでは、我々でも、「何を優先的にすれば効果的か」はクリアには見通すことはできない。そのため、「どこで損をして、どこで儲かっているかがわかる簡易的な分析をすぐにしましょう」と話をしている場合も少なくない。

会社の実態を知るためにまず初めに行なう「当たり前」は、経営の舵取りをするうえでの「見える化」なのである。その「見える化」ができれば、どこをやめればよいか、どこをコストカットすればよいか、どこにテコ入れすればよいか、どこに生産性改善の糊しろが大きいか、などいろいろなことが優先順位とともに把握できるのだ。

「労働生産性の高さ」という指標

労働集約的な産業が多い地方企業においては、「労働生産性の高さ」は重要な指標となる。投入される総労働時間を分母として、付加価値額を分子として計算した「労働生産性」が高ければ、労働の対価をしっかり支払うことができる。将来に向けての前向きな投資もしやすくなる。

逆に、総労働時間が長く付加価値額が薄ければ、給与は低く残業ばかりという「ブラック企業」にどんどん近づく。今後何十年も、人手不足の状態が解消されることは基本的にはないので、労働生産性が低い企業は、必ず事業の継続が難しくなる。

労働生産性とその推移を計算している企業は、その重要性の割にとても少ないので、「どこが儲かっていて、どこが儲かっていないのか」を探す「見える化」に加えて、ぜひ労働生産性も試算してほしい。いろいろな改善切り口が見えてくるに違いない。

ここからは、地域の名門グループ企業を想像しつつ、何を「見える化」するかについて話を進めよう。複数の拠点や機能組織にて複数の事業を展開していて、仕入先や販売先も多く、また、金融機関からの借入が多額な会社である。

このような企業の場合、グループ企業全体として、事業別の売上や利益とその推移は当然のこととして、どの事業部門や拠点や、顧客や商品によって、企業の収益を支えているのか（収益力）は、真っ先に把握しておきたい。グループ企業間の取引もあったりするので、企業を連結したうえで分析する必要がある。複数のユニットにまたがるコストを、過去からのさまざまな経緯があって、ある独特のルールに基づいて本社費や共通管理費などを配賦しているために、ユニット別の収益性がわかりにくい場合も多い。

その際は、まずは、配賦前の利益（貢献利益）を把握するところから始めてほしい。財務会計上の妥当性を気にしているのではなく、何かを判断するのに有効な「管理会計」上の損益がわかればよい、と割り切るのだ。そこから、どこで稼ぎ、どこで損を出しているか、がわかってくるはずだ。

その分析と並行して、「全社の稼ぐ力（ＥＢＩＴＤＡなどキャッシュフローが計算できれば、なおよい）が、返済をしないといけない正味の借入（借入総額から現預金などを差し引いたネットデッドが計算できるとよい）に比して、どのような水準にあるのか」も把握しておくケースが多い。貢献利益を稼ぐ力、収益性の分析だとすれば、この分析は、財務健全性（他人から借りたお金は自分の稼ぎで十分に返せるか）を把握するものである。

本業がかなり傾いている場合には、資金繰りの分析も欠くことはできない。ノンビリと事業戦略を考えている間に、資金ショートしてしまったら終わりだからだ。

これらの分析を経て、具体的な打ち手の洗い出しや優先順位づけへ進んでいく。細かくは、後の章に譲るが、たとえば、粗利率の差であったり、製品構成の差であったり、顧客構成の差、さらには、労働生産性なども分析していく。これらが「見える」と、ほぼ誰でも「ここが悪い」「ここを改善するとよくなる」というのがわかるようになる。

4つの経営テーマ：「事業」「財務」「組織」「経営・ガバナンス」

業種業態を問わず、企業の将来の繁栄（≒将来の衰退を未然に防止）を狙っている以上必ず、やらないといけないことがある。それは、「事業」「財務」「組織」「経営・ガバナンス」の4つについての健全化である。

これらの健全性と持続性こそが、すべての業種業態に共有する企業経営のテーマであることに疑いを持つ方はいないだろう。裏返せば、この4つで実態把握ができれば、経営を担う側として、「どこを優先して直しておくべきか」という健全な課題意識へとつながるはずである。

会社の課題を、「財務と非財務」に分類したほうが、もしかしたら馴染みがあるかもしれないが、本書では、この4つの分類でＩＧＰＩが取り組んでいることをお伝えすることにする。

さて、その4つの経営テーマのおおむねの定義をまずは共有しよう。

「事業面」とは、事業の戦略から個別の施策、あるいはオペレーションの改善の積み重ねなどである。また、事業の稼ぐ力に大きく関わる売上とコストと利益の関係（事業のエコノミクス）についても事業面としている。

次に、「財務面」だが、本書では、主にバランスシートの安全性や健全性やキャッシュフローの創出力や資金の効率性に関することとしている。

「組織面」は、従業員数や拠点の数など量的な側面と、組織の体質や文化、経営者の個性や経営陣と従業員との関係性など質的な側面を示している。

「経営・ガバナンス」とは、簡単にいうと、会社全体のアクセルとブレーキの意思決定とチェックの仕組み全般を意味する。

④ 経営テーマ① 事業面

最近よく耳にする「事業性」

近年よく耳にするようになった「事業性」という言葉。かなり前から使われていた言葉ではあるが、本書では「事業としての競争優位とその持続性、その証としてどのくらい稼ぐ力が強いか」という意味として話を進める。少し詳しく書けば、その事業が対象としている市場セグメントの各々に対して、

- 市場の魅力度（日本の国内地域市場においては、現在のプレーヤーが存続発展していくだけのマーケットが将来にわたってあるのか）
- 製品サービスコンセプト・事業コンセプトの適合性（事業のもとになる製品・サービスや事業モデルが、その市場ニーズを的確に捉え続けることができそうか）

・競争優位とその持続性（競争優位の源泉や競争要因がクリアになっており、それに合致した事業展開が今後も組織体としてなされるのか）
・収益性や投資採算性（長期にわたって、事業・組織の存続を担保できるだけの収益のモデル〈売上高営業利益率や資産回転率〉や投資回収モデル〈投下資本税引き後利益率〉が描けるのか）

などが十分にあるかだ。

常に、厳密に一つひとつ数値評価する必要はないのだが、「10年後、20年後にこの事業は存続しているのだろうか？」と問われたときに、クリアかつシンプルに説明ができないのであれば、時間をとって「事業性の評価」をしてみることをおすすめする。知らず知らずに収益力が落ちて、どうにもならなくなる前に、遅かれ早かれ、製品サービス停止や事業撤退、拠点閉鎖になる運命なのであれば、早めにわかっておいたほうが打ち手の幅があってよい。

儲け増加の道具は2つだけ――「選択捨象マトリックス」と「改善積み上げ滝グラフ」

「稼ぐ力」はどうすれば上げられるのだろうか？

具体的な打ち手の話に入っていく前に、「稼ぐ力が高い企業体とはどんな姿なのか」を考えてみたい。

まず、儲からない事業や拠点や取引先などを選別して、事業撤退や取引の見直しなどの抜本的な手が打ってあり、「儲かるユニットしかない」集合体にしてあること。そうすれば、会社全体としては、その瞬間は、絶対に儲かっているはずである。

次に、収益性や投資採算性の改善に対して手を抜かずにやり続けていること。いろいろな打ち手について、その期待成果・効果が見積もってあって、優先順位がつけられている。優先度が高い複数の打ち手についてアクションの意思決定がされ、数値目標が設定されていて、打ち手を着実に繰り出している。

そのうえで、目標に達したかどうかで、次の打ち手の見直しをする、というサイクルが回っている。こんな企業活動ができていれば、常に、収益性や投資採算性が向上しているはずである。

まずは、「選択捨象マトリックス」で「分ける化」

先ほど、ＩＧＰＩは真っ先に、事業セグメントごと、顧客ごと、拠点ごとなどでの収益分析（どこが企業価値を創出していて、どこが企業価値を遺失しているのか）をしていくと述べた。それが、事業や拠点や組織の取捨選択という重要な判断をするうえでの１つの物差しになる。そして、持続的に儲け続けられないものは、なるべく早く何らかの手を打ち、全社として稼いでいる構造に転換すべきであるとの方針につながっていく。

このような、事業や製品ユニットの位置づけ（選択と捨象）を整理するために、事業ユニットとか拠点とか製品ユニットや顧客などを、２つの軸で４タイプに「分ける」枠組みを用いることが多い。本書では、このマトリックスを「選択捨象マトリックス」と呼ぶ。

多くの事業の位置づけを明らかにするために、各々の事業について、

- コア事業かノンコア事業か
- ＧＯＯＤ事業か、ＢＡＤ事業か

図表4　選択捨象マトリックス

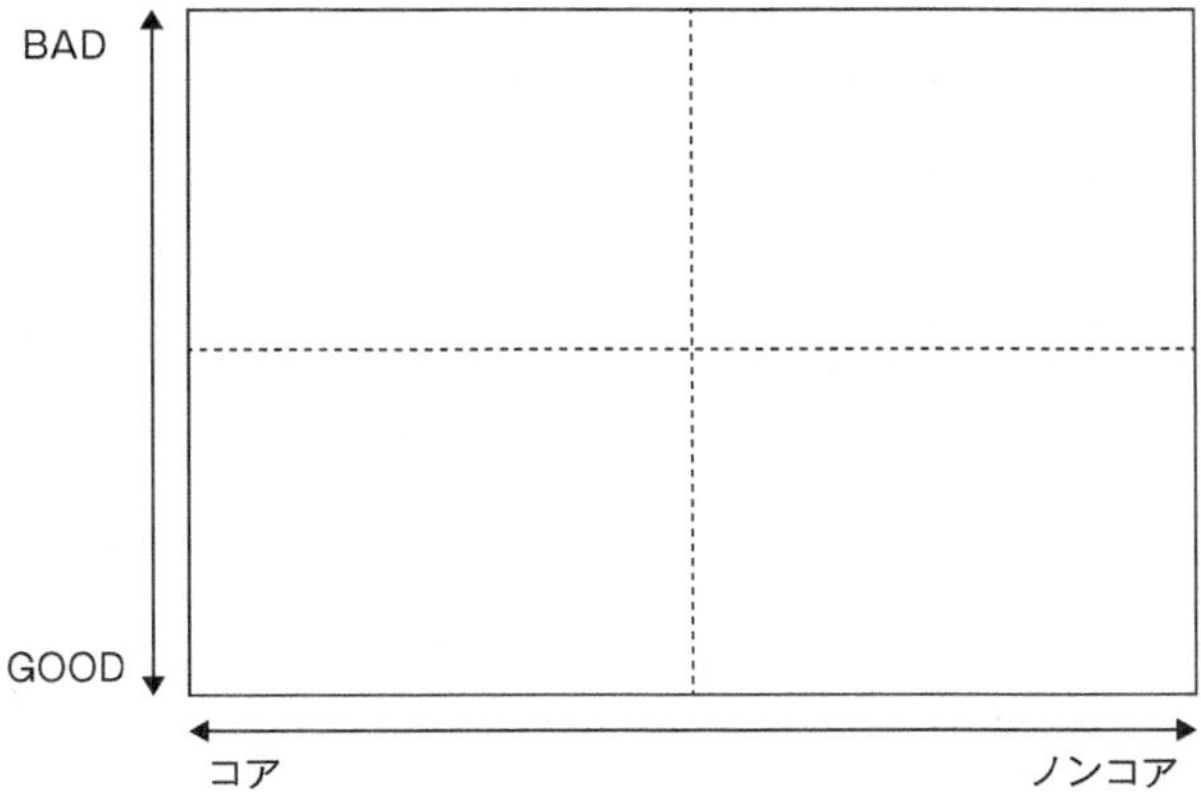

を見極めるのである。

まずは、ＧＯＯＤかＢＡＤか、について触れていこう。ここでのＧＯＯＤ、ＢＡＤとは、「事業の良し悪しを測る定量的な物差し」である会社の収益性や投資採算性などの経済的な基準を定めたときに、「その基準を大きく上回っているか、下回っているか」を意味する。この経済価値を大きく創造していればＧＯＯＤ、毀損させていればＢＡＤである。この良し悪しの評価をするための指標はいくつかのやり方があるのだが、まずは、よい事業とはどういう特性なのかについて理解していきたい。

中長期的な視野で捉えたときに、その事業の競争優位性が持続的に存在し、会社全体の企業の経済価値に対して大きくプラスに働くのがGOOD（長期的に見て、収益力が高く、投資効率もよく、リスクはマネジメントできる）。マイナス、もしくは、今は辛うじてプラスだが、事業環境が変わってしまったらマイナスになるおそれが高いのがBADである（もちろんどちらともいえないというのもある）。

次に、コアかノンコアか、について考えていこう。よく、「この事業は、戦前からやっているから中核事業なんです」「売上が一番大きいので、この事業はコアです」「儲かっているから……」などの説明を聞いたこともあるかもしれないが、これらは「何を中核事業（コア）として継続させるべきか」という問いには答えてくれていない。

企業再生の本にはよく、「長期ビジョンと整合しているのがコア事業、あるいは、組織の能力とマッチしているのがコア事業」と書いてあったりする。

ただ、多くのローカル企業にとってコア事業とは、「最もマネジメントの自信がある事業はどれか（自社内の相対評価）」、さらには、「他社のトップに経営させるよりも、自分たちが経営したほうが、事業の長期的な価値が向上するのはどれか（他との比較）」と考えると、よりしっくりくる。

このコア、ノンコアとGOOD、BADの「選択捨象マトリックス」の考え方に従って、複数の事業ユニット（場合よっては製品群、拠点や地域などでも分析できる）を４つの象限にプロットしてみてほしい。

どうしても思い入れがある事業ユニットを底上げして評価してしまいがちだが、ここでは、「誰にも見せない前提で第三者が評価するとこうなるに違いない」という基準で各ユニットを分けてみることをおすすめする。

今までの経験上、すべての事業ユニットがＢＡＤ×ノンコアになったことはないが、もし、すべての事業ユニットがその象限なら、製品群別や拠点別などさらに細かいユニットで分析してもらいたい。その分析をもとにして「ただちに抜本的な再生プランづくり、あるいは、出血の少ないスムーズな撤退プランの策定」に着手ということになる。

ここからは、「４つの象限すべてに複数の事業ユニットが分類された」場合を想定して話を進める。

ＧＯＯＤ×コア事業については、その事業をさらに強化すべきということになる。

ＧＯＯＤ×ノンコア事業であれば、「経済価値的には良好なビジネス、ただし、自社にとってはコア事業ではない」という解釈なので、より事業価値を高められる誰かに事業を譲るほうが望ましいということになる。マクロ的に見れば、地域内での集約化も進むことになる。

BAD×ノンコア事業であれば、売却できれば売却すべきだが、それができないとしても事業を自主的に終息させるなど、なるべく早く切り離すことが、経済的にも、経営のリソースの拡散を抑える意味でも正しい。

最後に、BAD×コア事業というやっかい者が残る。その事業についての経営には自信がある。ただ、中長期的に見ると、「稼ぎ頭には到底ならない」というユニットである。そもそも、それをコア事業（＝経営に自信あり）と分類したことが間違っている可能性も高いが、本当にその類型なのであれば、組織や拠点などの再編やスリム化といったリストラをかける、あるいは、事業モデルを見直すなどの転換を図る前提で再評価するのが望ましい。

このマトリックスを、「事業ポートフォリオ」と呼ばずに、「選択捨象マトリックス」と名づけた意味がわかっていただけただろうか。

事業単位だけでなく、拠点や取引先や製品群など主たるユニットにおいて、このマトリックスを活用して、選択と捨象の意思決定の試行実験を繰り返し、現実の決断につなげることが重要なのである。

また、撤退やリストラにはお金がかかる。そのため、それらの構造改革に関わる投資や費用も見積もらなければならない。時には、構造改革資金が不十分で実行はここまで、となることもある。

それらの前提も頭に入れながら、選択と捨象のパターンごとに、会社やグループ全体としての収益性、財務健全性、効率性がどうなるのかについて、シミュレーションすることを強くおすすめする。「どうすれば、持続的に健康体でいられるか」がこれでわかるはずだ。

自社の「改善積み上げ滝グラフ」で今後やるべきことが明確にわかる

「選択捨象マトリックス」を使って、事業や拠点の取捨選択、合従連衡を終えたとしよう。集中すべき事業や組織、拠点が決まって、「よしこれで行くぞ。これで勝ち抜く、生き残るしかない」の腹決めができた状況である。

この局面において、次に我々が重要だと考えている分析ツールが、「改善積み上げ滝グラフ」である。

本書では「改善積み上げ滝グラフ」と命名したが、なんてことはない。横軸に「打ち

図表5　改善積み上げ滝グラフ

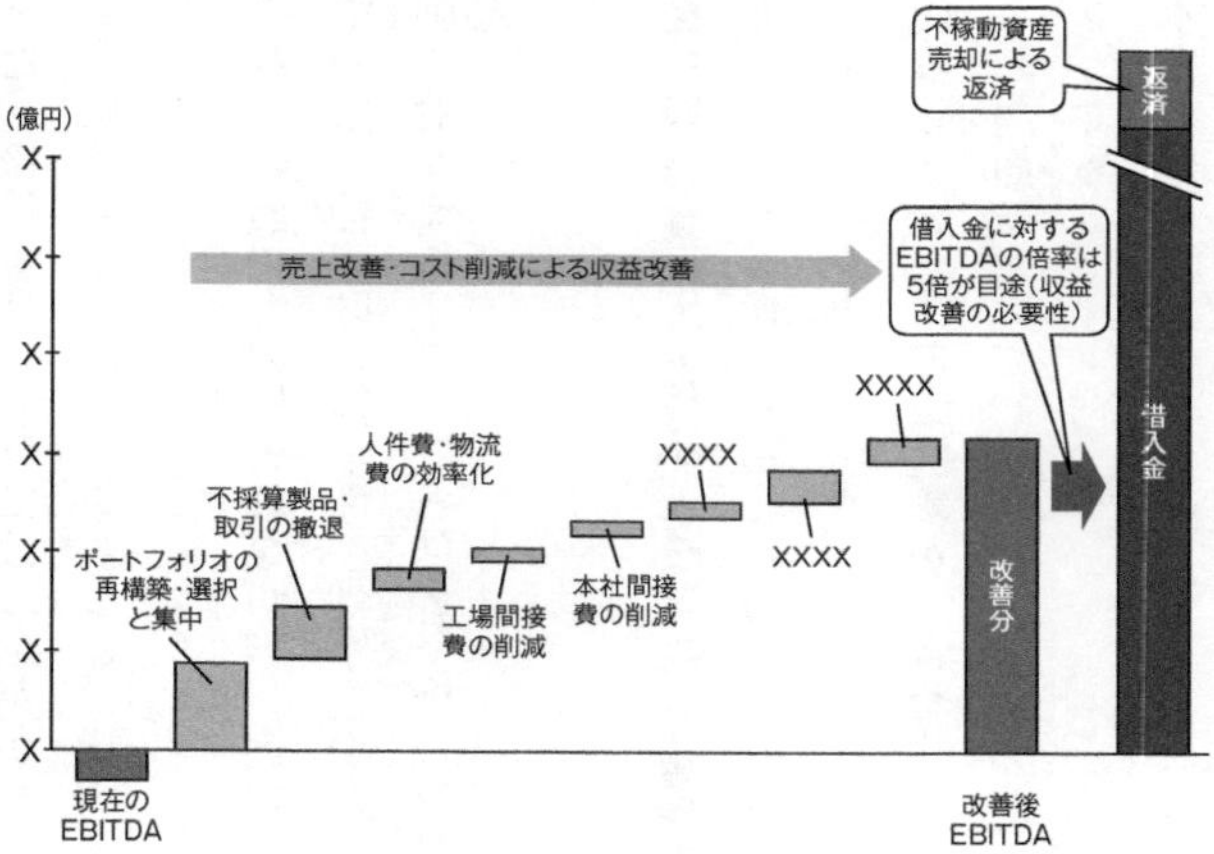

手」、縦軸にその「打ち手の経済効果」（利益インパクト）を積み上げていくグラフ（滝グラフ、あるいは、ウォーターフォールチャートという）である。見たことがある読者も多いと思う。

これがなければオペレーション改善は始められないし、ＰＤＣＡを回そうとしてもうまく回らない。まさに、改善のためにもっとも重要な道具だといってもよい。

とことんまで収益性や投資採算性を上げていくのに、どんな打ち手をどのくらいの期待効果で繰り出していくのか、実行段階ではその効果測定をしつつ、ＰＤＣＡを回していくための「必須ツール」である。

5 経営テーマ② 財務面

全社の稼ぐ力と借金が見合っているか？

おおむね、企業全体を持続的に繁栄させるための事業の柱や組織体が見えてきたとして、その継続性を維持するには財務的にも健全であることが必須であることを忘れてはならない。財務健全性といってもわかりにくいかもしれないが、要は、今後稼ぎ続けられるお金と他人からの借入のバランスが崩れていないかどうかである。

財務の健全性は、バランスシート（ＢＳ）やキャッシュフロー（ＣＦ）の健全性が中心になる。「借入が過度に多くないか」「エクイティが過度に薄くないか」「バランスシートの右と左の時間軸があまりにずれていないか」がＢＳの健全性を高めていくときの主な視点だ。また、キャッシュフローでいえば、投資ＣＦ、営業ＣＦ、財務ＣＦのバランスを見ていくことになる。

事業が生み出していくキャッシュフロー（たとえば、営業利益にノンキャッシュ費用である減価償却費などを足し戻したＥＢＩＴＤＡ）に対して、正味の借入が10年あるいはそれ以上もあるようだと、健全とはいえない。事業には必ずしも関係が密接ではない資産などを売却して借入を圧縮するだけでなく、先ほどのノンコア事業と位置づけられた事業群をうまく売ることでも借入は減らすことができる。それでも借入が多額である場合には、債権者との調整が必要となる。借入の返済期限の調整をしてもらう、一部の債権について調整（削減）をしてもらうなどが必要になるかもしれない。このような打ち手が財務健全化において行なうべきことである。

稼ぐ力が実質借入とバランスしていないとしたら

では、どこをどのように改善・改革をしていくと、収益と借金のバランスを改善させられるか？　それを構造的に捉えるためにＲＯＥ（自己資本利益率）を分解して、数値把握してみよう。米国デュポン社が経営管理に使っていたため、デュポン方式と呼ばれている手法である。

自己資本利益率は、売上高利益率（収益性）、総資産回転率（効率性）、自己資本比率（自

己資本に対しての負債の有効活用度〈財務レバレッジ〉）に分解される。売上高利益率は後ほど詳述するため、ここでは、資産回転率、財務レバレッジについて、取り上げてみよう。

まずは、「財務レバレッジがなぜ重要だといわれるのか」について。そもそもROEはどんな局面で大切かについて考えてみたい。グローバルで展開する事業、それも市場成長が顕著な事業においては、ROE、そして財務レバレッジはかなり気になる指標であるが、ローカル企業においてはその重要性の解釈が若干異なる。

成長している市場で、他社よりもその成長の価値を享受しようとしたら、自分の懐だけではなく、他人のお金を使ってでも成長市場を取り込んでいくことが合理的である場合が多い。

とくに、グローバル産業はスケールメリットが効くことも多く、他社よりも成長路線を力強く描くことは、売上の機会を他社よりも先に獲得するということだけでなく、競争優位性も同時に強めることにつながる。また、そのために、他社を買収することもあろう。そんなときに、「自社の手持ちのキャッシュの中で、できる範囲で拡大をしていこう」というのは合理性に乏しい。外部から資金を調達して、他社に先んじて成長を加速させることが望ましい事業なのである。

ただ、外部からの資金といっても不確実性（リスク）に対しての許容度も異なれば、期待するリターンも異なる。返済が必要な借入よりも、エクイティでの資金調達のほうがハイリスク・ハイリターンに馴染む。必要資金が100億円だとして、出し手によって特性が異なることを理解しないといけない。グローバル産業のほうが、ローカルの安定した企業よりはハイリスクであり、その半面ハイリターンを期待されている。その意味からも、そのリスクに合った調達資金の構成（財務レバレッジをどのくらいにするか）は重要なテーマなのである。

これが、ローカルビジネスだとかなり様相が異なる。業種にもよるが、たいていの場合は、「成長し続けなければ負けてしまう」という環境に置かれていることはまずない。むしろ、過度な成長志向は自らの破滅を招くことすらある。成長よりも安全性や持続性が重要ということである。そうなると、「財務リスクを取ることよりも、手元資金バッファがあるほうがよい」となる場合もあるし、外部からハイリスク・ハイリターンを要求するエクイティ性の資金を調達する必然性が高い局面はそんなには多くはない。

次に、資産回転率について考えていこう。まず、資産の回転率の抜本的な改善について手つかずの会社も多いのに驚かされる。優良な大手企業においても、である。たとえば、自分でレストランを経営したとすれば、「にこにこ現金払い」のお客さんのほうが、心の中ではありがたいと感じるし、仕入に対しても、支払条件をなるべく自分に有利なようにしたいと考えるのが、当然だろう。ただ、現実には、複数の事業を運営していたり、複数の拠点展開をしていたりして、各々のトップには、売上高と利益率を中心に管理会計を作っていることも多い。また、月次の会議においても、資産回転率を見ていない場合もある。

6 経営テーマ③　組織面

長期的に生き生きし続ける組織の要件とは？

ここからは、組織について触れていこう。組織体としての不健全さという観点でいえば、ローカル圏でよくあるのが、高齢化や人材不足。また、労働生産性（総労働時間に対して生み出す付加価値）や労働分配率（給与の水準）も健全性の目安となる。人材の流動性が高いことは必ずしも悪いことではないが、離職率が組織マネジメント上問題になるほどの高さであれば、それは不健全ということになる。また、さまざまな「働き甲斐」指標、主婦の活用の比率なども重要な指標である。

組織の雰囲気や風土については、職場が、明るいとか暗いとか、騒がしいとか静かだとか、そういう話を本書で取り上げるつもりはない。会社を、社員たちが集う場、1日の多くの時間を過ごす環境として捉えれば、人間が快適に過ごせるところか否かはとても重要であることは当然だからだ。いつも暗い職場、人間関係がまったくない職場、怒鳴り声ばかりが聞こえる職場、そんなところで働きたい人はいないだろう。

では、会社を「資本主義市場経済において収益を生み出す手段を持ち、持続的に繁栄することを求められる機能的な組織体」として評価するとどうだろうか？

組織の雰囲気や風土といったものも、会社がより稼ぐ、健全に社員を維持することに適合した雰囲気や風土が、素晴らしい会社ということになる。「役員、社員たちが生き生きと仕事をする」という目指している姿が、会社の繁栄と直結するのであれば、それは理想的である。目指しているゴール像や大切にしている価値観がクリアに共有されていること、会社の乗り越えるべき課題や会社の活動全体への理解がなされていること、組織内の仕組みや制度が、それらの活動と整合的であり、かつ運営しやすくなっていること、その結果として個々の組織構成員が前向きに動機づけされていること、これらが満たされているのを、よい雰囲気、よい風土といっているのである。

それらはもちろん一朝一夕にはできあがらない。ある特定の打ち手だけでそうなるわけでもない。これらのことについて、長い間何もしていないと、ただ、昨日の続きを今日もしている集団になっている可能性すらある。とくに、新しい人たちが入社してこないような企業においては、誰か第三者に、率直な意見を聞いてみるのがよい。もっともっと組織集団の力を引き出せるし、何といっても会社の皆さんのやりがいも増していく打ち手が見つかるはずだ。

何といっても賃金

最低賃金を上げていくとの政府の方針について、皆さんはどう捉えただろうか？

政策を論じるのが本書の目的ではないのだが、少なくとも、すべての企業が、十分な賃金を払える稼ぐ力を有していたら、「最低賃金が上がると、会社が立ち行かなくなる」という意見はなくなる。だからといって、従業員の働くことへの動機づけ、満足度の向上のために、何を削ってでも賃金を上げるべきといっているわけではない。

勤労者が減っていくことは確実なので、非生産人口を勤労人口で支えるためにも、勤労者1人当たりの賃金の高さ、あるいは世帯収入の確保は、地域経済を健全にしていくためにもとても重要だという見方はできる。

中学校や高校で、家計と企業と政府が3つの経済主体であると習ったのをご記憶の方もいると思うが、ここでは、これと類似した枠組みを使って、賃金（すなわち家計の主たる収入）とローカル経済圏全体の関係を少し考えてみることにする。

企業が日常的に関わっているのは、消費者、従業員、金融機関、行政である。まず、議論を単純化するために、ある地域に産業が閉じている状況を想定して説明することにする。現実には、「約8割の経済活動がその地域内で閉じている地域圏」というくくりが、かなりのエリアで当てはまるとの分析もあり、この完全に閉じている前提は当たらずとも遠からずのモデルである。

さて、地域内における企業の稼ぐ力、あるいは、地域における生産性が上がると、労働分配、すなわち「賃金」、あるいは株主への配当などの還元を通じて、その地域に住んでいる世帯収入が増える。企業側は収益力をさらに高めようと、購買者に対して魅力的な製品やサービスを工夫し、需要を喚起していく。世帯収入が増え、家計にも余裕が生まれれば、その魅力的な製品やサービスの購入にもつながり、企業側の収益性がさらに高まっていく。

また、企業側にも財務余力が生まれ、お客さんへの魅力を増すために、店舗内装を整えたり、新しい什器やIT設備を導入したりといった中長期的な視野での投資を行なっていく。そして、その資金を調達するために、地域金融機関に積極的に借入の相談をしに行く。金融機関としても、基礎収益力が上がっているので、よい条件で貸出に応じる。優良な貸出先が増えてくる。各世帯においても、収入が上がることで預金が増え、また、一戸建ての購入などの資金を地域の金融機関からも調達する動きへとつながっていく。このような「お金の良好な連鎖」をイメージしてもらいたい。

地域経済圏の理想を、端的に説明せよといわれたら、「企業の稼ぐ力が強いと、家計が豊かになり、地域全体にお金が健全に回る」ということではないだろうか。

反対に、各企業の稼ぐ力が低く、他の地域と比較しても弱っている企業が多いエリアを想像してもらいたい。金融機関としても前向きの貸出というよりも、突然死されては困るので、資金繰りをなんとかつないでいる状況だ。

そんな収益状態、財務状態なので、従業員には十分に給与を払ってあげられていない。そのため家計の懐事情は苦しく、消費も控え目になる。もちろん、行政からの支援や土木工事などの公的資金が地域に投下されないわけではないが、人口減少もあり、将来的に大きく伸びることは期待できない。

地域経済が完全に切れている孤島のようなケースはまずなく、隣接地域や全国区の企業と競争で負ける場面も多々あり、ますます地域のお金の連鎖の不健全さに拍車がかかって

図表6　企業の日常的な関わり

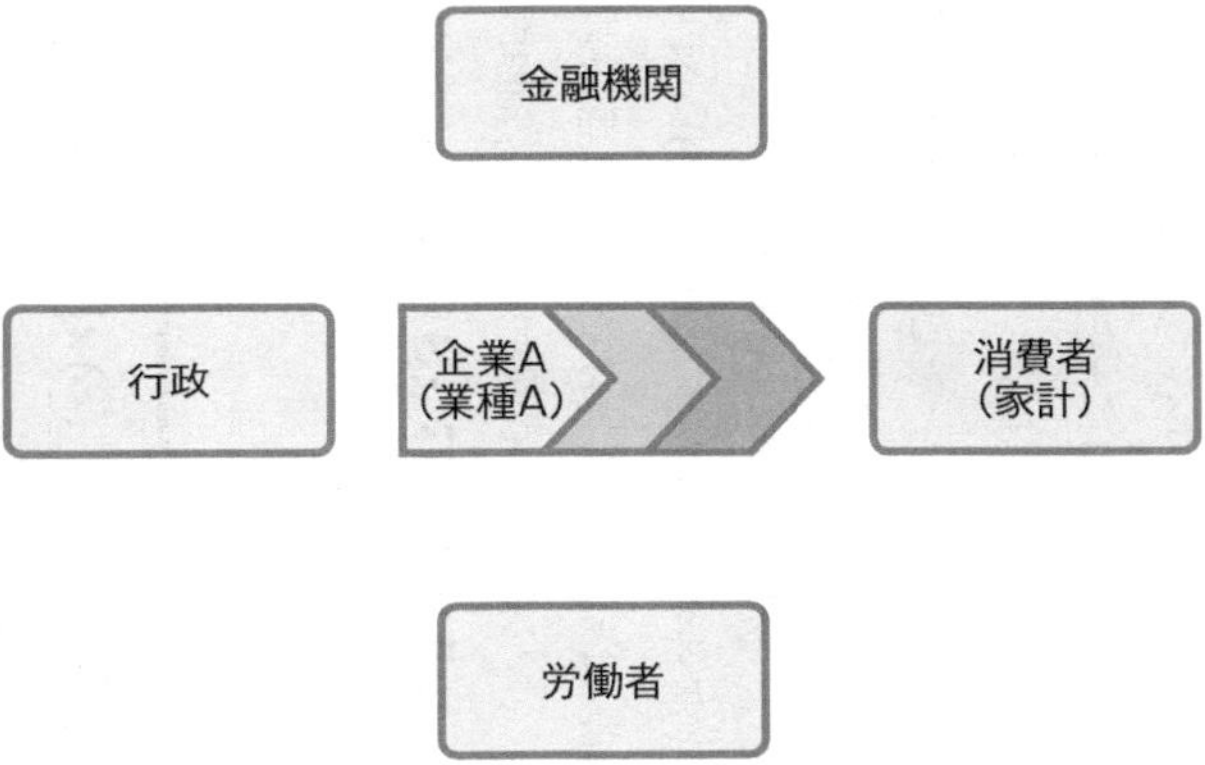

いる。

さらには、政府や地方公共団体からのさまざまな助成金や土木建築工事などを通じての地域経済へのお金の流れは、今後減っていくことを覚悟しなければならない。これまでの延長線上での企業活動では、どの企業も、どの地域にも明るい未来は待っていない。何か、企業側で仕掛けていかないと、地域経済の持続性すら危ぶまれる状況であることを認識しなければならない。

多くの企業が生産性を向上させ、稼ぐ力を何段も引き上げ、労働分配率（賃金）として家計所得の上昇に貢献する、それが地域経済の中で好循環を作る。このような意味からも、「賃金はとても重要」なのだ。

7 経営テーマ④ 経営・ガバナンス面

経営とガバナンスのカギは、攻めと守り

地方企業は、上場企業と比較すると、「やるべきことをやっていない」場合に説明責任を問われる度合いはかなり低い。上場企業については、今後、企業統治（コーポレート・ガバナンス）のメカニズムがますます機能してくると、説明責任を果たすことへの圧力は強まっていく。儲かっていない事業をなぜ続けるのか、成長している市場になぜ出ていかないのか、昔は必要だった機能だからといってなぜリストラをかけないのか、といった組織内部にはストレスのかかる事項についての「決断」をし続けることへのプレッシャーは、株式市場からも社外取締役からも弱まることはまずない。

他方で、ローカル企業に目を転じると、稼ぐために懸命になることへのプレッシャーがかかりにくい構図といわざるをえない。株主や役員は同族か知り合い。オーナー企業も多

い。地域の金融機関がステークホルダーを代表して果たすべき役割は潜在的には大きいのだが、強い発言ができる立場になっていない場合も多い。

また、残念ながら、ダメになった企業の多くは、外部に出している数値が粗く、見てもどこに問題があるのかがよくわからない場合が多い。会社内部でも十分に分析をしていないケースも多々ある。また、粉飾といわないまでも何かしら決算数値を加工していることすらある。

当然のことながら実態把握をしないと、手を打つにしてもどこに手をつけてよいのか？　目標値をどこに定めるべきなのか？　を見極めることは難しい。ましてや、外部からは、そのような情報ギャップがあることによって、ただただ、「がんばってほしい」と願うしかなくなる。

企業の収益力が大幅に低下してきたとしても、金融機関がただちに支援をやめるわけにもいかないし、経営人材を送り込んで企業改革に取り組むのが難しい場合も多い。そのような背景から、とりあえずの延命に向けたさまざまな支援をしていく光景は稀なケースではない。個別に見た場合、延命策が持つ一定の合理性は否定しない。ただ、地域全体として考えるなら、そのようなゾンビ化した企業が多いことは、まったくといってよいほどよい影響を与えない。

地域間の格差は多様な要素が絡み合っているのだが、各企業や金融機関の各々が事業の収益性の向上や維持のために、やるべきことをやっていたかどうかの違いが非常に大きいと感じている。地域金融機関によっては、事業の収益改善にも積極的に取り組み、実際に地域内の多くの企業を活気づける役割を果たしているのだが、そこまで多くはない。

さて、経営・ガバナンスに話を戻そう。その目指す姿を端的にいえば、「経済合理性に則ってどこまで決断と実行をすることができるマネジメント体制やガバナンス体制になっているか」となる。

会社組織は、意思決定機構が存在し、社内外機能をコントロールして収益を上げる組織体であり、それゆえに、必ず権限や権力がどこかに集中する。権限の集中は、大なり小なり腐敗や暴走の起こりやすさにもつながる。それを未然防止できる「経営の牽制体制」や「ガバナンス構造」が作られているかという権力機構の乱用を止める（ブレーキを踏む）ことが、会社の健全性からは重要となる。

他方で、無作為ゆえに業績悪化していくタイプの企業もある。株式会社は稼ぎ続けることが使命であり、そのために取るべきリスクは取ることが必要である。適切なリスクを積極的に取り、持続的な稼ぐ力を高めていく（アクセルを踏む）という組織の行動を積極化させるという側面もガバナンスの重要な役割である。

このブレーキとアクセルの両方が機能していない場合に、経営主体を変える仕組み（ドライバーの交替）が3つ目のガバナンスの役割である。このブレーキとアクセルの健全性維持、経営体制・ガバナンス体制の見直しの仕組みが、経営とガバナンスを強化していくうえでは大切なのだ。いわゆる管理会計の整備や部門別の月次の会議体、あるいは、組織体制や経営インフラなども大切な要素なのだが、長期的かつ持続的な競争優位に結びつけるためには、経営とガバナンスが健全でなければならない。

会社のガバナンス機構をチェックしてみる

コーポレート・ガバナンスについてさらに考察してみよう。前述したとおり、コーポレート・ガバナンスは企業組織に対する統治や監視、管理、牽制の仕組みのことを意味する。会社のトップ層の暴走や腐敗、妥当性に欠く躊躇《ちゅうちょ》や先送りに対して牽制をかける仕組みのことである。

権力や権限が集中している組織体（企業組織は例外なく当てはまる）においては、その意思決定層の意思決定自体が健全になされていないと、多様なステークホルダーに悪影響を及ぼす。企業組織であれば、従業員やその家族、借入をしている金融機関、顧客や仕入先企業、あるいは、地域経済や世の中へ影響を及ぼすことになるのだ。たまに、「同族企業のオーナーなのだから、自分の好きなように意思決定してもよいはずだ」という声が聞こえてくるが、多くの場合、それは乱暴な発言であろう。もちろん、自分がオーナーで従業員がいないか、近い親族で、外部からの借入も一切なく、仕入先や販売先との取引は、常にキャッシュという場合には、「自分の好きなようにやっていてもよい」面はかなりあろう。しかし、そのようなケースは極めて稀だ。

そう考えると、ローカル企業によくある「オーナー企業」であっても、どうすれば意思決定者が適時適切に意思決定できるようになるか、というガバナンスの問題からは逃れられない。上場企業向けに、ガバナンスについての改革がよく新聞に取り上げられているが、非公開企業だから、ガバナンスとは無縁であると考えるのは間違っているということだ。

むしろ、公開企業のように企業統治についてのガイドラインが明確になっている場合のほうが、一定程度以上のガバナンス構造を作りやすい。そう考えると、非公開企業、とくにオーナー企業のほうが、実効性の高いガバナンス構造を作ることは難しく、より自発的に取り組むべきテーマだともいえる。

前述したとおり、不正行為やモラル上問題がある行為について、それを未然防止する仕組みに目がいきがちだが、たとえば、本来リスクを取って積極展開すべきことを社内の空気によって先送りするなどの不作為に対しても、積極的にチャレンジをするように背中を押すこともガバナンス機構上は重要な役割である。

ポイントは2つある。仕組みとして、経営トップにとって聞きたくない話題であってもトップの「耳に入る」、あるいは「直言できる」ようになっていること。２つ目が、経営トップがトップのタスクを十分にこなせないとなった場合に、トップ解任が発動されるように、経営トップ自らが、その実効性を絶えずキープしておくことだ。

とくにローカルオーナー企業にとって、この実効的な仕組みを現実に作るのは難しいため、トップ自らの仕事として取り組まなければならない重要な仕事である。メイン銀行とのやりとりもそうであろうし、社外取締役などの外部からの意見を取り入れることもそうであろう。いずれにしても、形骸化しないように、常に実効性を担保し続ける努力を継続することが必要である。

経営力の鍛錬を怠らないこと

ここでは、会社の運命を左右するテーマで、かつ意思決定がいろいろな意味でやりにくい事象について話をする。

以前、河川の決壊という悲しい出来事が起こったが、自然の猛威によって起こったその決壊に、なぜ「決める」という漢字を使うかご存じだろうか？　諸説あるらしいのだが、ある解説には以下のようなことが書かれていた。

「決」には、もともと、「切る」や「えぐる」という意味があった。河川を切って、ある地域を犠牲にしてでも、下流の集落を守る。そのためにある堤防については、あらかじめ決壊しやすいようにすらしておいた。人為的に、決壊させる必要があった時代・地域があったというのだ。そして、ある集落は犠牲にしてでも決壊させ、他の（より何らかの価値があると判断される）集落を守るという決断をすることから、「決」が「決める」という意味を持つようになったというのである。

その由来の真偽はともかく、「河川を自らの判断で決壊させ、ある集落を犠牲にしてでも、ある集落を守るという決断をする」。これと同質の意思決定こそが、我々が申し上げたい「経営力」である。

そもそも2つを同時に選択することができない極めて重要な局面。この事業から撤退すべきか否か、逆に、他の事業を何としてでも手に入れるべきか否か、自分は経営トップから降りて、誰かに任せるべきか否か、それはいつにすべきか、など決断すべき経営テーマは実はかなりある。

その判断を先送りすることなく、常に選択肢を挙げ、自分の中で決断の軸を挙げておいても、テーマによっては、独りで決断できない（組織体制的に実効的でない）ものもあろう。「河川を決壊させる」ことを現代でやるとしたら、その判断は大変なことであろう。

それでも、その組織の意思決定機構や判断に至る組織内の空気を判断できるように整えておくべきである。意思決定の訓練をし続け、実際に意思決定をするための判断材料に抜かりがなく、かつ、適時性と適格性を意識して決断をするための周到な準備をしている組織でなければ、適切な意思決定はできない。仮にそうでない組織が妥当な決断をしたとしても、それは「偶然」以外の何ものでもない。まずは、「経営力の鍛錬」をし続ける決断は直ちにしてもらいたい。

いわれてみれば当たり前のことをすべてやりきる

これまで、「事業」「財務」「組織」「経営・ガバナンス」という切り口で書いてきたが、どの取り組みも、目指す姿を明らかにしていくこと、そして、一つひとつのやるべきことや、具体的なステップを示して、現実化させることが必要である。

その場合に重要な役割を担うのが、各企業の経営者であり、各金融機関の担当者である。企業の経営者としては、自社の目指す姿とその具体策を徹底して講じていく。時には、自社内での打ち手を超えて、地域全体で考えることが求められる。もしかしたら、競争をしている同業者に合併を視野に入れての情報交換をしに行くことかもしれない。昔からのいくつかの事業については自主的に撤退することになるかもしれない。また、金融機関の担当者は、それを経営者と議論し、方向性を見出し、必要な支援をするところまでの知見を蓄えなければならない。

自分たちの地域だけが、集約化を進めながらの持続的繁栄への道を歩んでいなかったとしたらどうなるかを考えてほしい。市場や競争が完全に閉じている地域は存在しない。力をつけてきた隣接する地域、あるいは首都圏からの大手企業が参入することで、地元の企業が負けてしまう姿が想像できないだろうか。もちろん、その場合でも、生活に必要な物資やインフラがなくなったり、地域内での雇用がなくなるわけではない。ただ、富の一部、業種によっては富の多くが、他の地域に流れることになる。地域の銀行にとってみれば、地域企業の衰退とともに、貸出先がなくなっていくという状況に陥る。

「地域の特性を明らかにすべきだ」「その特性を生かして地域の産業を成長させるべきだ」という発言をよく耳にする。それはそれで「活用できる武器」なのだから、最大限利用するのは正しい。しかし、だからといって、その地域特有の要素が強みに展開できるわけでもない業種や業態（それが企業数としては半分以上を占めると想像するが）が、何もしなくてもよいということにはならない。どんな業種であったとしても、集約化・生産性のあくなき追求は先送りしてはならないテーマなのである。

第3章

業種によって異なる「事業の方向性」を見抜く術

⑧ いくつかの問題意識

事業のミックスがどうであれ、どのような業種であれ、会社経営の共通項（必ず行なうべきこと）についてこれまで述べてきた。ここからは、事業や業種業態の特性に応じて異なる「稼ぐ力」の上げ方、何に着眼して「稼ぐ力」向上の打ち手を組み立てていくかについて述べていきたい。

業種や業態によって、製品サービスの利用者・活用者や購買意思決定者、顧客と供給側をつなぐチャネルに起因して事業の特性が異なる。また、ビジネスモデルやインダストリー全体でのその業態の位置づけに起因しても事業の特性が異なる。そのため、やるべきことの差が出てくるのだが、これをいくつかの観点から整理していくことで、業種や業態に特有の稼ぐ力を高めるポイントをクリアにしていく。

モノ・サービスの品質へのこだわりを持つことはよいのだが……

「品質へのこだわり」という言葉を聞くと、製造業のモノづくりへのこだわり、丁寧な接客へのこだわりなど、いろいろな例が思い浮かぶのではないだろうか。「こだわり」というのは、購買者、利用者に好印象を与えることができるため、テレビでもさまざまなこだわりがよく取り上げられる。

しかし、採算を度外視して、やみくもに品質を高めることが正しいはずはない。もしかしたら、この「こだわり」は単なる自己満足に終わっている面も多々あるかもしれない。

ここでは、「こだわり」を持つ領域や方向性について、どのように「こだわる」ことが妥当なのか？　とくに、顧客の満足度を高めるための「こだわり」と、事業価値の拡大のための「こだわり」――この2つを接合させる大切な切り口である「顧客エコノミクス」を中心に考えていきたい。

たとえば、箱根地域中心にホテルを数多く展開している「一の湯」の取り組みは、「何にこだわるべきなのか」についていくつもの示唆を与えてくれる。

通常のレストランのテーブルには、純白でパリッとアイロンのかかったテーブルクロスがかかっている。お客様にまっさらで気持ちのよい印象を与えることができるからだろう。しかし、一の湯においては、テーブルクロスを紙製のランチョンマットに切り替えたそうである。

また、チェックイン後にお客様を部屋まで案内する旅館は多いが、そのような活動を含めた接客業務について、「しっかりやるべきことはしっかりやるが、しなくてもよいことはしない」という方針を徹底したそうである。

さらに一の湯では、総労働時間で粗利益を除した値を「人時生産性」と名づけ、常に改善し続けている。また同時に、「効率ばかりでお客様の満足を得られなかったら、一の湯の負け」というベースとなる価値観を浸透させ、すべての業務をゼロベースから見直しを図っている。これ以上の詳細はここでは取り上げないが、一の湯ではお客様のリピート率も高く、「ハイ・サービス日本300選」を受賞しているほどだ。

「漠然と製品やサービスの質を上げることに力を注ぐ」「これは常識だからと、他がやっていることを真似ているだけ」「あらゆる改善活動、あらゆる丁寧な対応を、無意識のうちに推し進める」などについて、一度立ち止まって見直してみることの大切さを教えているのが、一の湯の取り組みなのである。

「お客様が喜ぶことをすべてやるのが正しいわけではない」のは、すんなりわかっていただけると思う。ただ、「しっかりやるべきことはしっかりやるが、しなくてもよいことはしない」の「しなくてもよい」を何で判断するかは意外と難しい。

我々は、その判断軸こそが、「事業的な物差し」だと考えている。これは「市場性（市場ニーズへの適合性）と事業性（事業としての合理性）をすり合わせできるか否か」と言い換えることもできる。

顧客満足度の尺度として「コストパフォーマンス」という概念がよく取り上げられる。顧客の認識価値に対して顧客がどれだけ支払うのが妥当かという物差しにもなる。ここからは、コストパフォーマンスを含む概念として、その顧客が享受する「顧客エコノミクスへのインパクト」に話を移していきたい。顧客にとってその製品やサービスを利活用することによる、顧客側に発生する経済的な背景やインパクトに着目するのである。つまり、個々のパフォーマンスを「顧客エコノミクスを上げることにどの程度寄与するかどうか」で判断するのだ。

そのパフォーマンスが高ければ、個々の顧客にとって他の製品やサービスに変更することへの躊躇が生まれる。製品やサービスをスイッチしたときにパフォーマンスが下がるのは困るからだ。このことを「スイッチングコスト」という。供給側から見ると、スイッチングコストが高ければ高いほど固定顧客が増えていくことになり、事業に安定をもたらす。まさに、「顧客側の論理と供給側の論理が、顧客エコノミクスを通じて、合致・調和した姿」といえる。

もう少し深掘りしてみよう。顧客へ提供される製品・サービスがもたらす直接的なベネフィット、たとえば「うまい」「早い」「安い」などは、市場のニーズの充足度合いのみを見ているにすぎないともいえる。競合他社が同じ品質を出すと、顧客はスイッチするかもしれない。とくに、顧客にとっても比較がしやすい製品やサービス（供給側と需要側の情報ギャップが少ない）は、価格と品質を簡単に比較検討されてしまう。

他方で、顧客エコノミクスを改善する製品・サービスは、それとは異なる。顧客側に価値が形成されていくということだけでなく、多くの場合、その製品・サービスの活用に習熟したり、それをもとにさらに改善活動をしていたりと、その製品やサービスをスイッチする経済的・心理的なハードルが高まっていく傾向にある。これは、顧客側の満足度を高めるだけでなく、事業性を高めることにもつながるのだ。

「うまい」「早い」「安い」で表現するならば、顧客へ提供される製品・サービスを通じて、顧客が「うまい」ものを生み出す力が増える、何かのプロセスを「早く」できるようになる、「安く」提供できるようになるという、顧客側にある「主たる活動に対して間接的に生じる効果（顧客エコノミクスの改善効果）の大きさ」が高まっているのである。

つまりそれは、その製品やサービス導入によって、顧客が「うまく、早く、安く」できている状況が生み出されているのであり、仮に競合製品を提案されたとしても、気軽に「試しに、他社製品を使ってみよう」とはならないだろう。

では、顧客エコノミクスへのインパクトが大きい業種業態、すなわち、「顧客経済価値の改善に寄与する製品・サービス」とはどのようなものなのだろうか。

たとえば、顧客管理の業務支援システムを想像してもらいたい。販売先のさまざまな情報を一元的に管理し、今後の拡販活動や与信管理などを効果的に支援してくれるシステムである。それがうまくいくと、営業マンにとっては、顧客内のシェアを高めやすくなったり、重ね売りの余地が見えていったり、利益確保が効率的にできるようになる。銀行の支店長にとっては、全体の顧客動向を見ながらエリア戦略やチャネル戦略を分析できるようになる。さらに、与信情報も一元的に見ることができるので、貸し倒れなどのリスクも最小化できる。

これらからわかるとおり、システム開発会社にとっては、システム導入先の収益性や競争優位性を高めるために必要な改善を重ね、利便性を高めていくことで、顧客の満足度をどんどん高めることができる。うまくいけば、顧客管理システムだけでなく、付加サービスも追加利用してもらえる。それが、売上の向上や重ね売りだけでなく、顧客固定化につながるのだ。

この例のように、顧客企業が実現したいと思っている潜在ニーズと、実際のギャップを「アンメットニーズ」というが、それを充足することによる顧客エコノミクスの改善幅は大きい。このような特性が強い製品・サービスであれば、顧客エコノミクスを改善方向に製品を進化させ、個々の顧客のスイッチングコストを高めていくというのが勝ちパターンとなる。

需要者（顧客）が法人であれば、その製品やサービスが、自社の事業活動のコストやリスク低減、売上向上、オペレーション効率向上などに大きな影響を与えられるかが重要となる。また、意思決定や業務活動が、効果的、あるいは効率的になるようなビジネスにどんどん変えていくことができるかも継続利用の動機づけになる。

わかりやすい例としては、メーカーの製造設備が挙げられる。ある製品の品質や歩留まり、生産スピード、生産コストに大きな影響を与えているからだ。生産設備に限らず、事業運営の効率化・高度化に貢献するソリューションもスイッチングコストがカギである。

生産設備は、まさにこの経済性インパクトがカギとなるのだが、法人向けの製品であったとしても、顧客エコノミクスへのインパクトが小さい製品やサービスもある。その多くは総務部が取り扱っている文具などの備品、トイレットペーパーなどの消耗品類であろう。それらは、顧客エコノミクス（法人であれば、稼ぐ力）には大きな影響は与えない。ただ、製品単体では顧客エコノミクスへの影響は少なくとも、アスクルやカウネットのような利用者の業務効率を向上させるサービスを提供するプレーヤーも生まれている。これは、サービスモデルをうまく組み立てることで、企業側の受発注業務の簡便さを高めることが可能であったことを物語っている。

ＢtoＣにおいても、顧客エコノミクスを改善している製品やサービスはある。家事の効率が上がるような製品やサービスが代表例だ。三種の神器といわれていた製品のうちの１つ、洗濯機を頭に浮かべてみよう。

単に「きれいに洗濯ができる」だけでなく、家事に占める洗濯という重労働・時間拘束から、主婦を大きく解放することになった。つまり、家事という主婦にとっての主たる業務の生産性を圧倒的に向上させ、当時の主婦業のエコノミクスを劇的に改善したともいえるのだ。また、クリーニングサービスによっても、「ワイシャツのアイロンがけ」が減り、家事の生産性が高まっている。家事だけでなく育児、もしかしたら子どもの受験対策も、生産性向上の対象になりうるので、先ほどのＢtoＢの事例と同様の見方が可能となる。

ここまで、顧客エコノミクスに着眼して、製品やサービスの品質を向上させることが、同時に、収益性や競争優位性を高めるという話をしてきた。漫然と、がんばってクオリティを上げるのではなく、「その製品によって顧客側に生じるインパクトは何か？」を掘り下げていくのである。需要者の所有、利用の目的、効果の出現箇所などに着眼することによっても価値の出し方の選択肢は広げることができる。その効果が個々人の中心的な仕事、会社の重要な仕事の「効率性」「コスト削減」にどうつながるかを考えることが、製品・サービス品質向上の重要な糸口となるのである。この機会に、自分たちの事業に対して、顧客側の論理と供給側の論理を、顧客エコノミクスを通じて、合致・調和させた姿はどのようなものなのか、改めて考えてもらいたい。

都市圏マーケットを狙え！　は正しい？

東京に進出して一旗揚げた「ご当地ラーメン」や「地方の名産品」の成功例を見ると、「どんな企業でも可能性があるのではないか」「奮起してやってみるべきなのではないだろうか」と感じる方も多いだろう。そのような相談を受けることも少なくはない。実際、東京への進出ではなくとも、近隣の中核都市圏への進出は多い。その可能性はすべての業種にあるのだが、ここでは、自分の商圏とは離れた地域において商売をすることの意味合いを、「顧客やチャネルの地域性」という事業特性を通じて考えていきたい。

不動産仲介業、理美容、税務サービス、リース業などのサービス業において、青森県のあるエリアと宮崎県のあるエリアとが市場サイズやマーケットニーズがとても似ていたとしよう。だからといって、両エリアで事業を展開しても、ほとんど共有できる事業基盤は存在せず、別の市場セグメント・事業セグメントとして捉えるほうがよさそうである。きっと、青森県のエリアで大勝利をしたとしても、宮崎県の成功にはあまり影響がないに違いない。より一般化していえば、各々の地域での局地戦による勝利はほぼ独占したものであり、事業展開エリアを（少なくとも飛び地に）広げることの合理性はあまりないといえる。

この例のように、モノやサービスによっては、近隣でしか購入・利用されないものがある。顧客セグメントが狭く閉じているため、その地域での顧客リピート率、チャネルの戦力化や親密度合い、顧客やチャネルの囲い込みによって優勝劣敗が決まるのだ。そのため、近隣購買がメインの場合、商売をむやみに広域に広げることが合理的とはいえない。また、事業の論理から考えても、広域展開することで事業オペレーションの効率性がどんどん落ちていく。

このようなローカル圏に閉じがちな業種、たとえば、クリニックや歯医者はその典型だが、個々の域内においての競争に勝ち、生産性を上げ収益力を高めていくことが経営の王道となる。

単に「栄えた都市圏に出ることをすすめられたから」という理由で進出する場合、今までとはまったく違う、新しい事業をゼロから展開することにかなり近いことだと考えるべきである。

対照的に、近隣の利用・消費・購買に限定されず、また、広域展開しても事業運営効率がさほど下がらない事業特性の業種もある。既存のサプライチェーンなどのインフラを活用することで、いずれの供給者も製品サービスを地域をまたいで提供することが可能なケースである。地域性の薄さゆえに、地域をまたいでの競争が生じる——。青森県の企業や住民が宮崎県の製品を不自由なく選択できるということだ。

このように、対象市場がある地域内に閉じていない場合には、当然他の地域からの進入もあるため、ローカル域内の競争で勝ち抜いても将来の生き残りを保証するものではない。常に競争優位を高め続けること、それにより地域内の自分の商圏を確実に守り、高い収益を維持することがまず重要なのだが、それだけでなく、隣接地域などリーチ可能な地域への展開によってさらなる収益の機会の取り込みを検討することが長期的には必要となる。自分の今の商圏・市場が人口や世帯数減少などの要因で縮小することが想定できるのであれば、他の地域への展開も視野に入れないといけないかもしれない。「攻めは最大の防御」でもあるからだ。

どんどん儲からなくなる兆候を見過ごしていないか？

予実管理をやっていない企業はまずない。ただ、予算（計画）と実績（将来の見込み）についての乖離を早い段階から把握して、適切な手を打てている企業は少ない。意外にも大企業も含めて、製品別、顧客別、地域別の貢献利益、あるいは付加価値の推移とその背景要因を経営陣で共有できている企業はそんなに多くはない。そうなると、「なぜだか少しずつ儲からなくなっている。なぜだ！」と慌てて原因究明と対策を検討することになる。

ここでいう付加価値とは、「会社の内部で経済的にどのくらいの価値を追加的につけたか、その割合がどのくらいか」ということを指す。すなわち、役務や製品の提供先が認める価値の大きさ（≒売上単価）から、当該企業が外部から調達した価値（≒限界コストや仕入単価）を差し引いた、その差分のことである。「外から何かを入手して、付加価値をつけて外部に売る」という単純な図式において、その付加価値が大きいのか、小さいのかに着目するということだ。

一般的に、卸売業は付加価値が薄い典型的な例であるし、レストランや小売業は、卸に比べれば付加価値は厚い。また、たとえば弁護士や税理士は、とても付加価値が厚い業種である。コンサルタント業もそうだ。高級な紙にレポートを印刷してプロジェクト成果の最終報告として提出するわけだが、そのプロジェクトによっては、数百万円、あるいは、数億円ということもある。紙の費用は微々たるものなので、計算の仕方によっては、付加価値は9割以上ということになろう。

話を戻そう。「この付加価値の厚さとその変化」がどうなっているかによって、将来の稼ぎがより強固か脆弱か、改善のマネジメントの余地の大きさがわかってくるのである。一般的には、付加価値が厚いほど、会社の内部の打ち手による収益改善のインパクトは大きい。逆に、付加価値が薄いほど、内部の改善の糊しろは薄く、取引先や競争環境、マクロ的な外部環境によって収益が左右されやすい。

ある卸売を考えてみよう。粗利が5％から10％の事業で、売上高営業利益率が1％という事業を想像してもらいたい。仕入の単価が数％上がると、あるいは、売上単価が数％下がると、利益は吹っ飛ぶ。販売先と仕入先と自社との関係、同業種の競争によって、稼ぐ力がかなり決まってしまうようなケースである。

ある案件について、他社は損を覚悟で赤字提案をしてきた。ある案件では、別の会社が同じように安値提案をしてきた。どうやら、今回については仕入メーカーがかなり協力してくれているようだという情報が入ってきた――。このような個別の案件ごとに提案をしながら、顧客ごとの予実管理、そして全体で付加価値あるいは粗利の動向を把握していかなければ、全社での収益確保はできなくなる。また、卸売業の場合は、在庫負担も無視できないし、金利負担だけでなく、死蔵在庫も完全に避けることは難しい。

この記述だけでも、競争環境などから多大なる影響を受けることはよくわかっていただけたのではないだろうか。このような場合には、外部環境をしっかり見ながら、製品別や販売先別、仕入先別、地域別、拠点別など、細かく分解して見える化して、判断を適時適切にしていくことが収益確保につながるのだ。

見える化してみると、製品別でも販売先別でもどの分析の切り口でも、トップ20％で稼ぎ、ボトム20％が赤字垂れ流しという構図が見えてきたりする。その儲かっていない対象について細かく打ち手を講じつつ、儲かりそうにないなら、その製品や取引先や拠点を捨てる。そうすると平均値としての収益性は確実にアップする。

販売単価や仕入単価は、取引先との力関係も影響を受けるし、その地域内での競争状態にも影響を受けることから、付加価値の薄い業種や業態は、外部環境にどのような影響があって、現在の収益力になっているのかの因果関係を紐解くことが重要である。内部でつけられる付加価値が薄いため、改善幅はどうしても限定的になるのだから、外との関係をじっくりと見ようという話だ。

ところで、付加価値が厚い業種では、細かく見える化しても、効果がないといっているわけではない。ただ、付加価値が薄い業種ほど、どこが儲かっていないのか、それがなぜか、その儲かっていない取引や製品や地域や拠点をやめるとどうなるかをシミュレーションすべきである。外部環境として儲けにくい構図になっている場合すらあるからだ。

付加価値の厚い業種においては、「付加価値を維持向上」ができるものとやってもなかなかできないものとの差がはっきりしやすい。厚みがあるため、その分の格差は大きくなり、それが利益の差になったり、労働分配率の差になったりと、長い目で見ると勝ち負けに響いてくる。つまりそれは、競争力格差がつきやすく、業界内の淘汰や優勝劣敗が起こりやすい業態であることを意味しているのだ。

勝負はすでに決まっている？

１００名で満席になるマンガ喫茶、あるいはカプセルホテルを思い浮かべてもらいたい。まったく同じ店構え、店舗運営で、立地が異なる店舗があったとする。片方は、平均すると10％しか稼働していない店、もう片方は、50％稼働している店。明らかに50％のほうが儲けやすい。処方箋薬局は医療機関の近隣や目の前のほうが明らかに集客が容易で、人材の稼働率を高い水準にキープしやすい。主要駅あるいは観光地へのアクセスが便利なホテルや旅館は、部屋の稼働率を上げやすい。家賃などのハードにかかるコストが固定的でかつ大きな比率を占める場合には、稼働率を上げられるかどうかで勝負が決まる。立地でそれが決まるなら、勝敗は店舗出店時にかなり決まってしまうことになる。

先ほどの旅館のケースなど、人件費の比率が高いビジネスの場合、単位労働時間当たりの稼ぎ（粗利額）が高いほど、成功しているといえる。中長期で見ても、このような高い生産性、あるいは高い稼働率を作れたところが勝ち抜くはずだ。

同様のケースは他にもある。コンビニエンスストア（CVS）でも出店密度が高いエリア（あるいは、それができているチェーン）は、密度が低いエリアに比べて、共有できるコスト（物流費や店舗アドバイザーなどの人件費）が薄まるため、1店舗当たりの平均コストが下がる。利益率の格差が密度の経済性でかなり説明できるのだ。

このように、業種や業態によって、勝敗のカギとなる要因と経済的な要素（費目）が密接に結びついている場合が少なくない。

これを、付加価値の分析と結びつけていえば、付加価値の厚さやその変化ではなく、付加価値の中身に着目していることになる。どのような要素が勝敗に効いているのかを分析する際、付加価値を構成する大きなコスト要素（費目）にまずは目をつけると取り組みやすい。

そしてそれがどのようなドライバー（要因）によって変化するのかを考えてみるのだ。

先ほどのCVSのように、密度の経済性が主なドライバーであれば、店舗や拠点などの出店密度が高いほど平均コストが下がり、収益性は高めやすい。固定設備を持つようなホテル旅館だとすれば、その稼働率の高さがドライバーである。人材の稼働率がカギの業種もある。

このように、競争が「ある経済的要因に大きく支配されている場合」は、それがもとになって競争上の格差が生じやすい。競争上の障壁が高まりやすく、参入障壁は高くなり、ゲームのルールがシンプルになりがちだからだ。そのため、とくに競争要因が特定されるインダストリーにおいては、上位数社に収斂されるというエンドゲームに行きつく。

「業界内のエンドゲームの姿を想像したときに、自社は勝ち抜き・生き残りゲームのどのポジションにいるのか?」という問いかけは、重要な示唆を与える。市場自体が縮小していく業種業態においては、とくにシビアに見ないといけない。「もし市場が2割縮小したら、自分は生き残る側にはいない」のだとすると、考えるべきことは、「どうやって経済的な負担を最小化してその事業ユニットを縮小するのか」「それをどういう時間軸で実行するのか」になるからだ。

⑨ 自社の事業を導く方向を探る

「事業の特性把握マトリックス」の活用

これまでの議論で、業種業態の特性についていくつかの切り口で取り上げたが、実は、対象事業の特性を、「需要側（顧客・チャネル）との関係性に起因する対象事業の特性」と「供給側（インダストリーバリューチェーン・サプライチェーン全体）での位置づけに起因する対象事業の特性」の2つの観点から話をしていた。さらには、その2つの観点を顧客やチャネルとの関係性における「広さ」「深さ」と、インダストリーバリューチェーン全体において対象事業が取る付加価値の「厚さ」「数（競争要因の多少）」に着眼して、事業の特性を説明してきたのだ。

需要側から見た事業特性では、1つ目が「広さ」である。これは、需要者の購買行動や利用行動、とくに、ローカル圏においては、その地域性に着眼していた。地域の住人がモノを購入したり、サービスを受けるときに、「その地域内で行なうことが多いか」「地域の外を選択しようとするか」、さらには、「地域には関係なく選ぼうとするか」という観点である。

これを事業の特性という観点で捉え直してみると、対象となる顧客・市場を、特定の地域に閉じているとしてターゲティングすべきなのか、購買行動や利用行動が特定の地域に閉じておらず、全国の顧客、あるいはかなり広域の顧客を対象とすべきなのかとの違いとして表れることになる。

そして、もう1つの視点が「深さ」である。顧客に対してどのくらい深く価値提供をしている業態か、すなわち顧客内部のエコノミクスへのインパクトの大きさやその可能性について着眼していた。事業の特性としては、製品サービスそのものの品質に加えて、顧客エコノミクスの改善インパクトがどの程度あるのかへとつながる。

供給側から見た事業特性については、1つ目が「厚み」である。インダストリーバリューチェーン全体において、その事業がどのくらいの付加価値の厚みを取れているか、である。付加価値が厚いか薄いか、付加価値を厚くすることができるか、薄くなっていないかという視点であった。付加価値が薄いのであれば、とくに、取引先（仕入販売の両方）との関係において、薄い利潤をしっかりと管理し、損を最小化する事業管理力が求められる。

２つ目の観点が「数」。付加価値の中身を見ていったときに、主たる競争要因がとても限定的なのか、大きく作用する競争要因が特定できず細かな多様な要因によって勝ち負けが規定されるかであった。競争要因が限定的な場合には、その要因に照らして、自社を高く評価できるのかがカギとなる。

これまでの議論の中でもいくつかの事例を挙げたが、「広さ」「深さ」「厚さ」「数」を念頭に置いて、「自分の会社はこれらの事業特性を踏まえた事業展開をしているのか」を考えてもらいたい。単に分類するのが重要なわけでは、もちろんない。この類型化によって、業種固有の重要な打ち手、外してはならないセオリーが浮かび上がる。この「事業の特性把握マトリックス」で、対象とする事業がどの類型に属するかをプロットしてみるだけで、競争上踏まえるべきポイントが見えてくるのだ。

事業戦略を策定する際には、市場性、競争、事業経済性を見るべきだと我々は考えているのだが、このマトリックスでは、事業経済性を洞察しようとしている（事業経済性の詳しい解説は、『ＩＧＰＩ流　経営分析のリアル・ノウハウ』を参考にしてほしい）。

図表7　事業の特性把握マトリックス

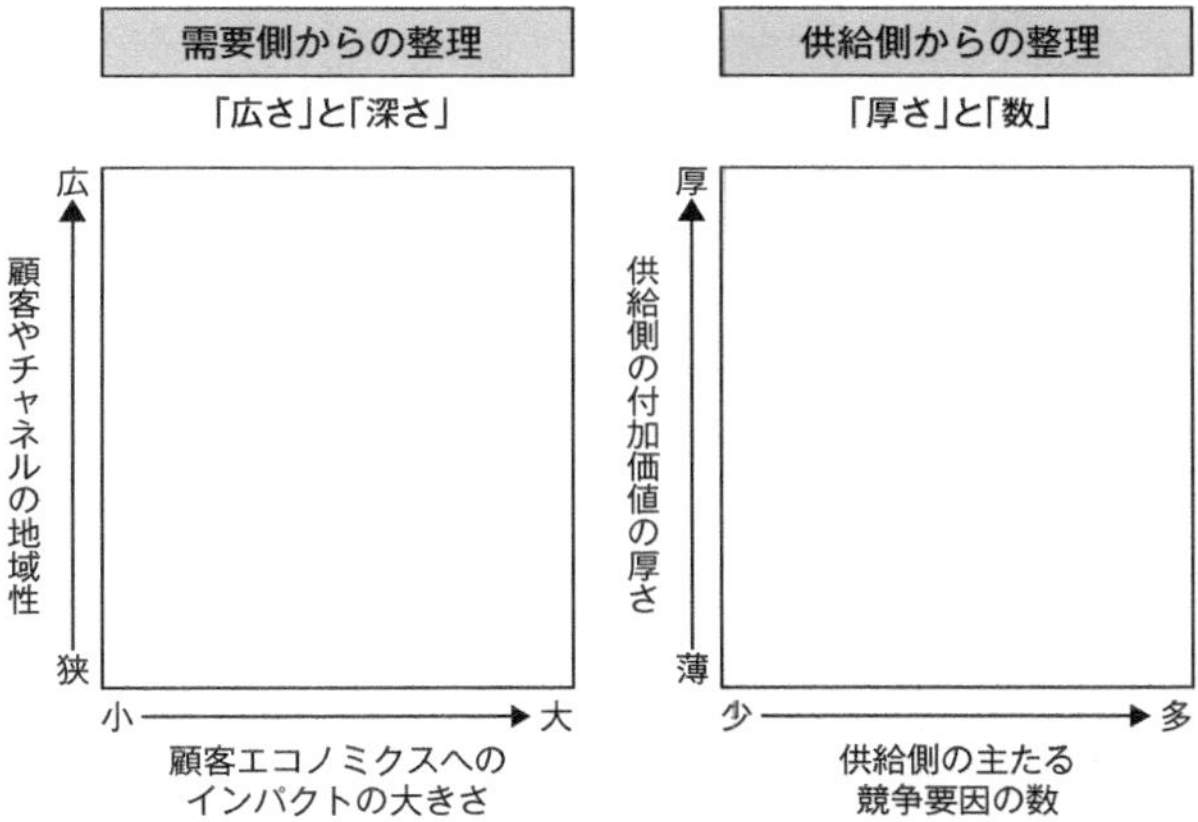

このマトリックスを本書で取り上げたのは、とくにローカル企業は、事業経済性の根拠が重要だと考えているからである。グローバル企業のグローバル展開においては、市場や競争の変化をダイナミックに捉えることも大切なのだが、ローカル経済圏においては、市場や競争のダイナミズムは、グローバル経済圏に比して小さい。

言い換えれば、ローカル企業の多くは、市場や競争の変化に合わせていくことを強く意識するより、「事業の特性を正しく洞察し、忠実に自分の事業をその事業の特性に適合させた戦略をとる」ことの重要度が高いともいえる。このことからも、このマトリックスで、業種業態特有のインダストリーエコノミクスを捉え、それを事業展開に活用することの重要性をご理解いただけるのではないかと思う。

もちろん、「業種の整理学」をするつもりはない。自分の事業の型はどれなのか、どのように変化をしていくのかを見極め、どこにフォーカスをするのか、どの部分を傷が浅いうちに縮小撤退するのか、どんな打ち手を講じていくのかを決める参考にしてほしいと考えている。

経営者は誰でもいろいろな人からさまざまな話を聞いたり、他業種からも成功したこと、失敗した経験を聞いているはずだが、「業種業態特性から見ると、筋がよいのはこの打ち手」というのを、迷いなく決めてもらいたい。

また、地域金融機関であれば、貸出先に対して、その事業の本質を踏まえての改善の方向性をアドバイスする際にぜひ参考にしてほしい。個々の取引先の事業のオペレーションのプロになることは難しいのだが、事業の本質をこのマトリックスで整理することで、重要な打ち手が何かはクリアにしてもらいたい。蛇足だが、事業の型をクリアに理解していることは、一生懸命やるだけのガンバリズムや過度にプレッシャーをかけるタイプのマネジメントを減らすことにもなる。

「筋がよい」のはどんな打ち手？

「事業の特性把握マトリックス」を用いながら、「広さ」「深さ」「厚さ」「数」の観点で、個々の業種業態に特有の事業特性と、それに合致した有効な（筋のよい）打ち手はどのようなものなのか、について掘り下げていきたい。

まず、顧客やチャネルの地域性（広さ）から考察を始めよう。顧客の購買や利用行動、あるいは、直接の取引先である流通チャネルの地域性が、どのような事業上の特性として出現するのかである。

サービス業や小売業を頭に浮かべれば、顧客行動の地理的範囲に連動して、その業種や業態の個々の活動ユニット（店舗や営業所）の商圏がおおむね決まることは想像できる。

その商圏ごとに、営業マーケティングの体制やサプライチェーン体制がフィットしているか否かで、事業オペレーション効率が決まる。これが、サービス業や小売業のローカル性という事業特性を生じさせる。また、店舗を複数展開している事業体の場合には、店舗が離れすぎず、店舗間で共有することが可能なオペレーション（間接部門や物流など）の効率が落ちないようにすることが望ましく、これが密度の経済性が生じる背景となる。

対照的に、かなり広域をカバーしている「政府の銀行」や「銀行の銀行」である日本銀行と比べてみるとどうだろうか。支店と事業所を合わせて46カ所あるため、おおむね各県に1カ所と考えられる。各地域金融機関の各支店の方々にとって、日銀の「店舗」は日常的に活用するところではなく、都道府県単位で1カ所あれば十分なのだろうと想像できる。

このように、顧客ターゲットとその商圏に対して、拠点やオペレーションがフィットし、事業運営の調和が取れていることは事業の効率性のために重要であり、これが事業特性として表れる。ただ、現実には店構えも品揃えも、狙っている商圏や顧客層も統一感がない、店舗もあまりに離れすぎた立地にあるという会社を数多く見かける。店舗を複数展開していくときに、「今度は、このパターンでやってみよう」とチャレンジしていったからだと考えられるが、これでは、ある店舗業態の運営ノウハウの横展開も十分にできなければ、店舗間でのコスト共有の効果も下がってしまう。

当該事業（業種）は、「地域性」という観点でどのような特性が表れているのか、商圏単位はどうなっているか、地域カバーの効率性の観点では事業拠点の展開はどのような姿が合理的なのか、それらについて、このマトリックスを通じて改めて考えてもらいたい。広域展開が合理的な業種であれば、広域展開に伴う事業効率の低下やリスク、多様性への対応を、事業インフラとしてどう担保するのかがカギになる。ＩＴの活用などで、どこで規模の経済性を効かせるのか、どのようにノウハウの横展開をするのか（習熟曲線を下るのか）に着眼すべき事業といえるのだ。

また逆に、「狭さ」が合理的なビジネスであれば、ほぼ間違いなく「密度の経済性」が効くであろう。これらは、顧客やチャネル地域性が「広いのか、それとも狭いのか」から、考えることでクリアになっていくはずだ。

次に「深さ」、すなわち顧客エコノミクスへのインパクトの大きさ、あるいは顧客エコノミクスの向上の余地に視点を移す。

改めて、顧客エコノミクスについて解説をしておこう。法人であれ一般消費者であれ、何らかの背景があって、「好き・嫌い」や「便・不便」を感じ、選択的に何かを利用・活用・購入する行為をする。この趣向や行動の背景を経済的な要因で解釈しようとするのが、顧客エコノミクスである。

前述したとおり、製造業向けの生産設備の主たるものは、製造プロセスにおける生産性の向上に大きな影響をダイレクトに与える例である。一般消費者の顧客エコノミクスであれば、所得や財布の中身である自分の経済状態、そして、ある事象を選択するときのメリットやデメリットの経済的な換算値（それは得なのか損なのか）を指す。なお、事業経済性（インダストリーエコノミクス）とは、経済活動である事業の運営や産業構造における、持続的に儲ける構造や優勝劣敗を規定する経済的な要因を指すが、それと対比するとさらに理解が深まるかもしれない。

さて、意外と見落としがちな「顧客エコノミクスへのインパクト分析」ではあるが、有効な打ち手を選別したり、現在やっていることの有効性を評価するのに示唆が得られるため、ぜひ取り組んでもらいたい。

顧客から見た利用行動・購買行動、そして、それにより、どのような経済メリットが、どこに、どのくらいの定量効果として表れるのか、それを顧客はどうやって認識するのか、などの顧客側のエコノミクスの分析である。

それによって、「○○は効果が薄いからやめよう。□□のほうが顧客への訴求を強められる」というのがわかってくる。自社が提供しているモノやサービスが、その直接的な価値を提供しているだけでなく、その利用や所有によって顧客内に実現する経済的な価値をアシストするツールにもなっていることがわかってくるかもしれない。

この「深さ」について、さらに考えていくと、個別企業への「深い刺さり方＝密着の経済効果」を高めるには、「密度の経済性」を突き詰めるのがカギになることがわかる。さらには、深い関係性をベースとした製品やサービスの重ね売り（範囲の経済性）の追求も重要だ。また、この取り組みのノウハウの蓄積と応用という「習熟曲線効果」も忘れてはならない。

さて、供給側の事業の論理に話を変えよう。まずは、競争要因の「数」についてである。ここで、K１などの総合格闘技を思い浮かべてほしい。「なんでもあり」のルール。パンチやキックなどの打撃、関節技や絞め技、投げ技、抑え込み技と、攻撃技が多岐にわたる。そのため、競争要因の数が多く、必勝パターンがいくつも存在するのだ。ただ、多岐にわたるからといって、キックだけが強くても勝てない。レストラン業態で、ある素材が飛び切りおいしい店舗が必ず儲かるというわけではないことにも共通する。いろいろな工夫の余地（競争要因）はありながらも、店構えから接客、メニュー、価格帯が、ターゲット顧客層に調和が取れた形で、統一感を持って訴求できていないと持続的に繁栄することはないのだ。

多様な工夫の選択肢があるからといって、やみくもにやればよいわけでもない。多様な打ち手から「この組み合わせならうまくいくのではないか」と試行錯誤を重ね、経験知を共有することがカギとなる。すなわち、ＰＤＣＡを回し、ノウハウを横展開しながら、組織全体として「習熟曲線を下る」ことが重要なのだ。

一方、競争要因の「数」が限定され、その競争要因が強く競争に影響するタイプのビジネスもある。このような事業では競争要因を見極め、それに忠実に事業運営するのが鉄則である。その限られた競争要因に照らして優位であることこそが必勝パターンなのだ。他の要素で優れていても覆すことができない、このような業種の場合は、それが「規模」なのか、「密度」なのか、「ポジショニング（先着順）なのか」を見極めることが重要だ。スポーツだと、ゴルフもそのタイプだろう。パー４のホールにおいて、２打目やグリーン上のボールの落としどころが多数ある場合はとても少ない。その狙いのとおりにボールを運べれば、平均スコアがよくなる。勝ちパターン（競争要因）がクリアになっている競技である。

最後に「厚さ」、付加価値の厚みに視点を移す。これも前に述べているが、付加価値が薄い場合には、ちょっとした取引上の損や機会ロスを見逃さない事業運営が重要だと記憶しておいてほしい。付加価値を構成する各費目の効率や効果を上げることもさることながら、製品別や取引先別などで細かく分析して、儲かっていないところをモグラ叩き（改善もしくは取引見直し）を徹底してやっていくのが王道なのだ。もし赤字だらけになっているのだとしたら、異業種に見える他の業態との競争やサプライチェーンの上流や下流からの影響を分析してみてほしい。解決の糸口が見えてくるかもしれない。

付加価値が厚い業種の場合には、薄い場合と異なり、「モグラ叩き」では解決できないかもしれない。付加価値を構成する各費目の効率や、売上獲得（顧客数×単価）の費用対効果を上げることがカギになるのだ。たとえば、競争要因が限定的な立地ビジネス（例としては、門前薬局）だと、悪い立地でどれだけがんばっても集客が難しく、黒字化しないことすらある。また、旅館業の例でいえば、改善といっても、なんでもワンランクアップすればよいというわけではもちろんない。

付加価値の厚さは、事業主体側での改革・改善の余地の大きさ、それによる優位性構築の潜在性でもあるのだが、逆に、他社に競争上大きく差をつけられてしまうこともあるのだ。「ノウハウの横展開力」で勝つのか、「規模や密度の経済効果」で他を引き離すのか、いくつかのタイプがあるが、事業特性に合致した打ち手を徹底してやり抜くことで、他を凌駕することができる。

事業の変化・進化を捉える

この「事業の特性把握マトリックス」（広さ・深さ・厚さ・数）において、業種によっては、この何十年かでポジションが動いた業種がある。ＣＶＳに移行していった小規模小売業はその典型例であろう。それを業態の進化として見極められると、それは経営上重要な示唆となる。いくつかの業態の進化の背景と進化の例を示そう。

業種の特性に影響を与える要因はいくつもあるのだが、ここでは、ＩＴ、ＩoＴ、ビッグデータ、ＡＩ、クラウド（本書ではこれらを「ＩＴの進化」と呼ぶことにする）のインパクトについて考えていきたい。このような観点は、あまりローカルビジネスの本には出てこないし、これらのキーテクノロジーを競争優位の源泉としてビジネスを展開している企業は極めて少ない。ただ、これらの技術がもたらす影響は、都市圏だけにとどまらず、ローカル圏にも波及する。

まず、顧客の購買行動の変化においては、ＩＴの進化によって、近くでしか購入しなかったモノもネット経由で購入するケースがかなり増えている。少し離れた漁港周辺のどのお寿司屋さんがおいしそうか、などについても容易に調べることができる。ＩＴの進化によって、購買行動にはっきりとインパクトが出ているのである。購買行動だけではない。ＩＴをうまく活用することで、顧客の経済性をさらに向上させる供給側の打ち手の種類も明らかに増えている。

次に、付加価値の厚みと中身について考えてみることにする。ＩＴの進化によって、これまで経験的に人手でやっていたものが、標準化されたり、システム化されるようになると、業務の効率性が高まる。システム活用の度合いが大きな競争要因になっていくのである。

全国には数多くの高利貸し（町金融）が存在した時代から、現在は、全国規模の消費者金融サービス業という企業体が生まれたのはこの効果である。付加価値の中で、与信や顧客管理などの業務が、個々の店舗で手作業で行なわれていたのが集約され、スケールメリットが生じ、その部分の付加価値が大きな競争要因の1つになったのである。他にも、雑貨屋さんがなくなりコンビニが全国を席巻しているのも、このＩＴの進化によるところが大きい。

また、付加価値の薄い代表的な業種である卸売業にも、ＩＴの進化のインパクトはこれまでもあったし、これからもあるだろう。メーカーと小売店を結ぶ卸売業は、メーカーから見ると、単に小口配送をしているだけでなく、分散している多数の小売店の与信管理という機能も兼ねている。また、小売店から見ると、支払サイトを融通してもらうなど、資金繰りをはじめとする金融機能、さらには、在庫管理や発注管理のサポート機能を持っている。ただ、これらは、必ずしも地域内のプレーヤーが対面でしかできない業務ともいえなくなってきている。ITでかなり肩代わりができるようになっているからだ。

このように「事業の特性把握マトリックス」に照らして、いくつかの業種業態を見てみたのだが、ITの進化によって、あるいは、ITをうまく活用することで、これまでの業態の商売の仕方から脱却して、自分の会社の新たな価値を作ることすらできるようになっているのだ。

このマトリックス上での「広さ・深さ・厚さ・数」のポジションが変化していくこととなり、「業種・業態進化」「事業進化」とも呼べる動きでもある。ITの変化のインパクトが何であって、それを先取りするにはどうするかを見極めてもらいたい。

エンドゲームからのバックキャスト

ここまでさまざまな切り口でローカル企業に役立つ考え方を共有してきたが、これらを読者の方々が関わっている企業や事業に適応することで、エンドゲームの姿やそこの行きつく勝ち抜き・生き残りのパターンが見出せるはずである。具体的には、地域における人口動態や世帯分布、就労人口の推移など今後数十年のマクロ的な見通し、地域内における業種の位置づけ、そして、「事業の特性把握マトリックス」でインダストリー特性を整理するだけで、かなりの示唆を得られると考えている。

数十年後にどうなっているのか、それをエンドゲームと呼ぶならば、どんなプレーヤーが生き残っているプレーヤーなのか、をまず想像してみてほしい。次に、自分はその勝ち組なのか、撤退や消滅を余儀なくされる側なのか、ある事業基盤がユニークで他社と協業ができるのかも考えてもらいたい。勝ち組になる可能性があるならば、それを強めるためにどうするのか、勝ち組になる可能性が見出せないのであれば、勝ち組との協業や合従連衡によって、勝ち組づくりをどうするのかという問いの設定もできるようになるのだ。

このように、「事業の特性把握マトリックス」で自分の立ち位置を見える化することで、「モヤモヤ」感がかなり解消でき、「自分にできることは何なのか」が明確になる。このバックキャスティング（将来起点での考察）によって、これからすべきこと、決断すべきこととと真正面から向き合うことが可能となる。ぜひ、活用してもらいたい。

⑩ ローカルビジネスの持続的繁栄に向けて

カギは、生産性向上と集約化

ここまでは個別の企業の話をしてきたが、ここでいったんマクロ（地域）的な視点に話を移したい。個別企業ではなく、ローカル圏における「産業」の持続性についての考察である。議論を深めていくために、比較的国内の特定地域圏に事業展開が閉じやすい典型的なローカル産業を取り上げて、その持続的繁栄のカギが何なのかについて言及していく。もし読者の方が、地方企業の経営あるいは所属をしているのであれば、その企業、あるいは業種を取り巻く地域圏全体の話として捉えていただきたい。

まず、地場の小売業、飲食業、卸売業、建設土木関連やサービス業などを頭に浮かべてほしい。小売業や飲食業では、ほぼ全国レベルの広域展開しているＣＶＳやファミリーレストランなどの業態が存在する。

ただ、よくよく各社を見てみると、ある特定の地域には進出していなかったりもする。セブン-イレブンは、長い間四国には出店していなかった。スターバックスが鳥取県に出店したのは、ごく最近のことである。

業態パターンを完全に統一して、グローバルに展開している企業は1社もない。そもそも、そのような業態の多くは、スケールメリットがさほど強く効くわけではなく、地域の縛りを超えて、単純に事業規模を大きくする、展開地域を広域化することのメリットがそんなに大きくはない。むしろ、「規模の不経済」の影響が大きくなるのだ。小売だけではない。嗜好性が一般的に高いといわれる食品は、全国スケールでの競争にはなかなかならない。たとえば、醤油や味噌は、まだまだ地元企業が数多く存在する。

それとは対極的に、たとえば、自動車産業、創薬のように、製品の開発投資が大きく、国やエリアを超えて事業展開をしていくことでスケールメリットを最大限享受することがカギとなるインダストリーもある。また、マス広告宣伝が製品購買促進に効果的な事業の場合には、広域の競争になりやすい。

ある大手ビールメーカーが、季節限定のビールを全国規模で市場投入するシーンを想像してみよう。全国に広く新製品を認知させ、CVSやスーパーマーケットの店頭で消費者に手に取ってもらうためには、多額の広告宣伝費はかけざるをえない。

ある2つのビール銘柄の販売数量が1000万ケースであろうと、その5倍の5000万ケースであろうと、この広告宣伝費が販売量に応じて単純に5倍の投入量になるわけではない。ビール1缶当たりの広告宣伝費は、売れれば売れるほど、下がることになる。これが規模効果といわれるもので、「数量が多いほど、ユニット当たりの共有コストが下がり、製品当たりの平均コストが下がる」ことになる。このような製品ユニットの増減によらず、そのユニット間で共有できるコストを共有コストというのだが、自動車や創薬と同様に、飲料の例でも、事業のスケールを大きく広げるための活動をすることの合理性が想像できると思う。これは、小売業や飲食業、卸売業、サービス業などの地場の産業とは異なるエコノミクスなのである。

話を地場の小売業、飲食業、卸売業、建設土木関連やサービス業などに戻そう。これらは全国展開が経済的合理性を持たない業種（ローカル性が強い業種）だ。その地場の業種・産業が持続的に反映し続けるには、個別企業が改善をしていくだけでなく、企業組織、拠点を「集約化していくこと」が収益性や投資採算性の観点で重要である。

それはなぜかを考えてみてもらいたい。

人口減少や高齢化によって、消費人口や消費額が減っていく（市場が縮小する）中、多くの企業が従来までの売上規模を維持し続けることが難しくなるのは避けられないだろう。それももちろん重要な論拠なのだが、他にも、集約化が合理的とする根拠がある。それは、「ベストプラクティスの共有」「密度の経済性」「競争の緩和」である。

ベストプラクティスを共有することによる生産性向上

「差別化」「オンリーワン」という言葉を聞いたことはあると思う。その差別化とかオンリーワンとかは、あくまで競争上の優位を、他社と異なる手段によって実現した姿である。グローバル企業だけでなく、企業間の競争が熾烈で乱立乱戦状態が続いているのだとすると、「他社に対してどうやって優位性を築くか、高めるか」は避けて通れない経営テーマである。

ただ、誤解を恐れずにいえば、ローカル経済圏に存在するほとんどすべてのローカルビジネスにおいて、「圧倒的な競争優位を形成できるほど際立った差別化」「オンリーワンで他社は真似しようとしても、それができない」などというものは基本的には存在しない。

たとえば、インテルがＣＰＵに関するテクノロジーの最先端技術で他社を凌駕《りょうが》するレベルの技術水準を維持強化しているのと比較してみてほしい。他のCPUを作っている世界の会社が、全社的に取り組んでも、それに追いついていけないのである。ローカル企業がそのレベルの優位性を、ある特定の打ち手によって構築できるだろうか？

仮に、ローカル企業に、圧倒的に差別化が可能な優位性基盤があったとしよう。それが本当に差別化可能な要素なのであれば、ローカル圏を超えて、日本全国に提供できる可能性すらある。つまり、狭い地域にしかその価値を提供できない製品特性でない限りは、もはやその企業はローカル企業ではない潜在力を持っているのだ。大間マグロ、鯖江のメガネはその典型例だろう。もともとはどこか特定の組織から始まったことであろうが、広域で競争優位を維持し続けるだけの「差別化」だけでなく、「オンリーワン」としてのブランド認知も形成できている。

なお、津軽海峡に面した青森県大間町で水揚げされるクロマグロで有名な「大間マグロ」。津軽海峡に面した漁港のすごさは、産地だけではないそうである。隣接地域でも同一海域でマグロを水揚げしようとすればできるのだが、マグロの質を維持するための技が大間にはあるという。エラ、尾びれ、内蔵、神経処理などによって、高速で泳ぐマグロ（おなかの中はとても高温になる）の傷みを極力減らすための船上での処理技術、伝承された技が、高い品質と世界的な評判、そして価格実現につながっているという。

話題を、一般的な日本国内のローカル産業に戻そう。

いわゆるグローバル競争、すなわち他社とは完全に異なる「差別化」「オンリーワン」といった打ち手で勝ち抜かないと、企業の存続すら危ぶまれるという世界とは大きく異なる。飲食業にしてもサービス業にしても、いろいろと他社で行なっている打ち手や工夫が、自社にも活用できるということは少なくない。もっというと、「オーソドックスにやるべきことをしっかりとやっていないがゆえに、収益性向上の機会を逃しているケースが多々ある」というのが我々の認識である。

ローカル経済圏にあるどの企業においても、「やるべきことを棚卸しして優先順位をつけ、確実に実行していくこと」が有効なのだ。

会社の経営上は、効果的だった打ち手を個人や特定の組織のノウハウにとどめるのではなく、組織や拠点をまたいで共有、実行していくことが重要だ。各々が独自性を出し、それを社内でアピールするのを否定するわけではないが、各々が別々に独自性にこだわり他社を凌駕する打ち手を悶々と探っているよりも、個別の打ち手についてのノウハウを社内で横展開するほうが確実である。

これこそが、ベストプラクティスの共有の大切さなのだが、自社のノウハウにとどめずに、同業者に共有すると、地域内での生産性は上がっていく。類似業種内において、複数の企業や拠点や組織が集約されると、各所で蓄積された知見や経験を横展開することは容易になる。また、どこかの拠点で試行的に行なった打ち手を評価して、その効果が高いモノについて他の拠点に導入していくという工夫もできる。拠点間のコストの共有効果は低いとしても、コストの削減策についてのノウハウ共有は、拠点がある組織に集約されていればいるほど、効果が出やすいといえる。

あるご当地ラーメン店がバラバラに10店舗運営されているよりも、10店舗が相互に、立地と集客のノウハウを分析、店構えや調理スペースについてのノウハウを共有し、また、スープの作り方、調理の仕方、接客、店舗スタッフの扱いについて、いろいろな工夫を共有しながら改善活動をしていくほうが、間違いなく収益性は高まる。これが集約化の1つ目の効果である。IGPIはみちのりホールディングスを通じて東北地域の複数のバス会社を経営しているが、展開地域が異なるバス会社間でも、知見や経験をなるべく共有し、お互いの収益性の向上に役立てている。

密度の経済性を高めることの価値

２つ目の集約の効果が、密度の経済性である。多くのサービス業や小売業において、店舗や拠点が広域に点在しているよりも、ある一定の地域にのみ集約（集中出店）されているほうが、コスト面の共有がしやすい。これを「密度の経済性」が効いているという。

たとえば、マンション管理業。九州全域で30棟のマンション管理を運営しているよりも、博多地区でマンション30棟を管理していたほうが、同じ30棟の管理でも管理スタッフの数が大幅に違うであろうことは容易に想像できる。クリーニング店でも九州全域に点在しているよりはどこかに集中しているほうが、物流費にしても店舗指導にしても、キャンペーンをするときのチラシの投入効果にしても、効率がよい。

博多中心に10店舗展開している3社が合併して、合計30店舗になった場合も（店舗の改廃や再配置は必要かもしれないが）、この密度の経済性の効果は表れる。同じ業種業態で集約化（合併するなどして一体経営ができるように）することで、密度の経済性が効き、企業としての収益力が高まるというメカニズムである。

ただし、この集約化を進めるうえで留意すべき点がある。博多に10店舗を展開している企業、長崎に10店舗の企業、熊本に10店舗の企業が合併しても、この密度の経済性の効果は期待できない。同一の商圏でお互いが真正面から対決している会社同士のほうが、経済効果が出る。すなわち、お互いが「敵」だと認知している場合ほど、より一体化するメリットが出やすい。さらには、お互いが熾烈な競争をしていればいるほど、店舗や拠点などの再編ができたときの効果も大きく、また、お互いが持っているノウハウの共有効果も大きい。ただ、熾烈な競争であればあるほど、その相手との話をまとめるためのお互いの心理的なハードルは高いのが一般的である。

独占できたとしたら

最後に、「競争の緩和」について説明しよう。先ほど、店舗の改廃や再配置の話をしたが、「過度に競争している＝同じ商圏内でお客を取り合っている状態」を是正することによる経済効果も存在する。これは、過度な競争状態が緩和されることによる収益改善の効果といえる。

例を挙げてみよう。小売業であれば、競争が緩和されるとチラシ広告などの販促費用が削減されたり、値引き合戦が緩和されるかもしれない。法人向けのサービスであれば、2

社が1社になることで人手不足で足りなかった営業マンを十分な数確保できるかもしれない。競争に打ち勝つための支出や先行的な投資が悪いといっているわけではないのだが、地域内の購買力が減る中での厳しい競争に、お互いが我慢比べをしているよりも、集約化によって競争が是正されるほうが、各企業の稼ぐ力を高める意味でも健全である。

極端なことをいえば、地域内での多くの業種・業態に対して、各業種で10社が熾烈な競争を繰り広げている状態が、すべて各々の業種業態で1社に集約化された状況を頭に思い浮かべてみよう。地域内においての各々のサービスなどが独占状態になった姿である。独占や寡占による弊害ももちろんあるのだが、競争に打ち勝つための費用をかける必要がない分、明らかに稼ぎやすいことは直観的にわかるのではないかと思う。

第4章

業績改善の事例——こうすれば会社は上向く、甦る

⑪ 付加価値が厚く、生産性改善余地大の「外食業」

我々が企業の戦略策定や業績改善の支援をする際には、必ず、当該企業が属する事業特性を踏まえたうえで、個別企業の評価、そして戦略、打ち手の導出を実施するようにしている。それは、前章でも述べているように、事業の本質を突いた見方が可能になり、有効な打ち手、筋のよい打ち手、がおのずと見えてくるからだ。我々は経験則から「ローカル経済圏には、正しい方向性で着実に施策を実施すれば、必ず改善につながると思われる企業が多数存在しており、改善の宝庫ともいえるのではないか」と見ている。

ここからは、各事業の特性や改善事例について、より具体的に紹介、考察していくが、その中で、事業特性の切り口や事業改善のエッセンスについて、何らかでも参考にしていただけたら幸いである。今回、本書の中では、いずれのローカル地域圏でも必ず存在しているであろう特徴的な業種業態に属する企業の改善事例をいくつか取り上げている。仮に

図表８　地場外食業の事業特性分類

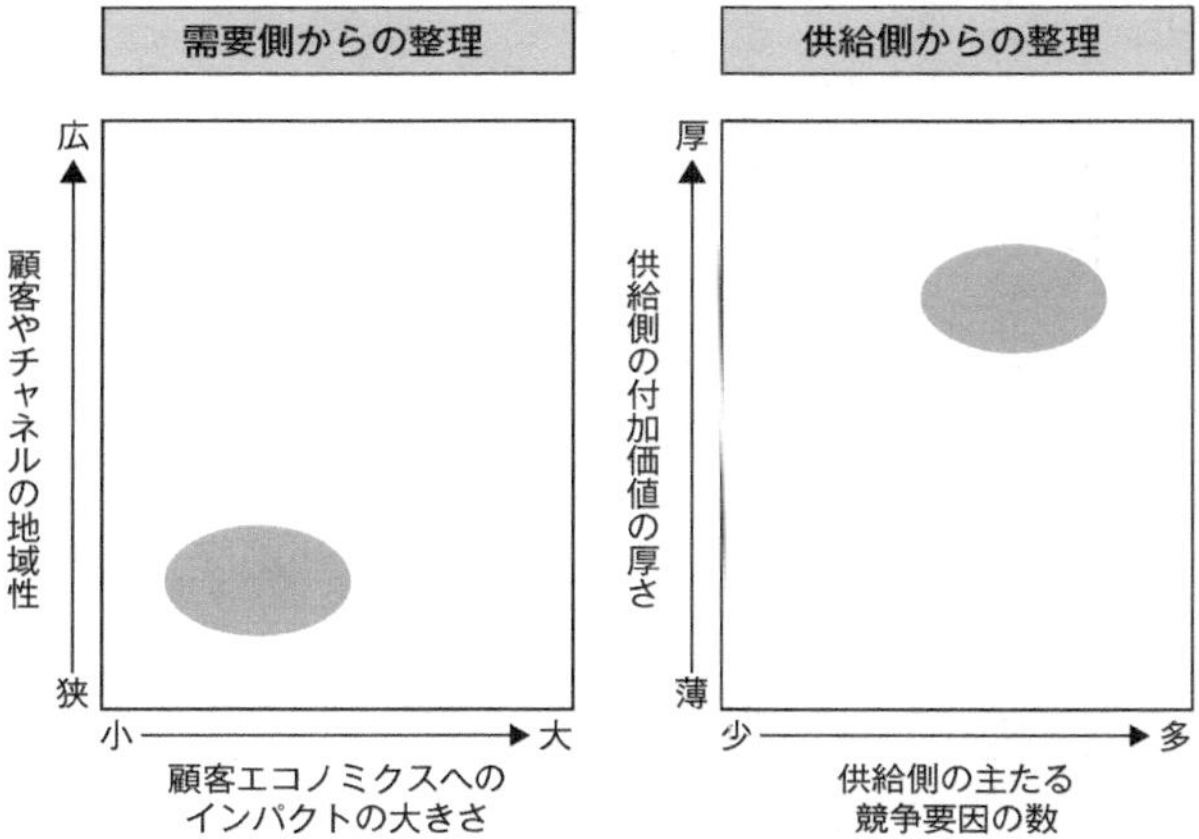

業種業態が違ったとしても、考え方・打ち手としては同じように有効に機能することも少なからずあるはずだ。「未来のない産業」というイメージを持たれてきた典型的な産業であってもやりようはあるし、厳しい環境だからこそ、今、とくにやるべきことがある、そういった見方をしてほしいと思う。

ではまず、ローカル地域で、地元の人たちの憩いの場をモットーとし、レストラン・居酒屋を数十店舗展開する外食企業を例に挙げ、どういった事業の特性をしていて、どういった打ち手がとくに有効になってくるのかを見ていこう。

まず、顧客の特徴はというと、当該企業のように近隣住民をメインターゲットとしてい

図表9　外食業のコスト構造

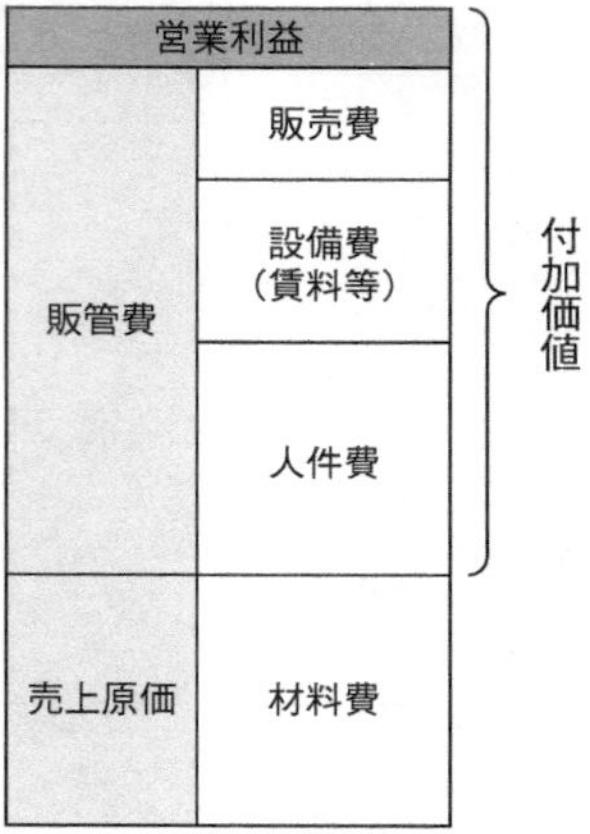

る日常使いのどこでもよく見かける業態であれば、数時間かけて遠方から人がやってくるとは考えにくく、逆に、別の何百キロも離れた地域の店舗が競合になることもまずない。メインターゲット顧客は、近隣の商圏内に住んでいる人が中心となるので、地域性が高く、狭域な市場であることが多い。

そして、外食は付加価値が厚く、競争要因が細かく多様という特徴を持つ事業の典型的な例である。

図表9にあるように、外食業のコスト構造を見ると、業態によっても異なるが、材料費などの外部仕入を除く付加価値領域が大きい。顧客の選択理由・競争要因も、立地、価格、提供商品の品質、店の雰囲気、接客サービスなど、多種多様で、オペレーション戦略変数（＝打ち手の選択肢）の幅が広いので、打ち手次第で、単価向上・来店頻度向上等、売上拡大余地も見込めるタイプの事業である。付加価値の中身に関しては、人件費の占める割合が高く労働集約的であること、密度の経済性が効いてくることも特徴的な要素であ

る。

外食サービス業のような多店舗展開業種は、地域内での店舗の密集度により、コスト面では、物流効率（物流費）・管理効率（人件費）に差が出てくるし、近隣地域に住んでいる人、働いている人に近しい便利な立地で、いかにニーズに応え、頻繁に通いたくなる店づくりをしていくかなど、顧客との密着度により売上も左右される。

外食業に見られるように、対象市場はローカル域内に閉じてはいるが、付加価値が厚く、競争要因が多様、売上拡大余地大という特性を持つ事業については、「『オペレーション改善』をいかに適切に着実にやり続けられるか」が、生産性・収益力向上に、とくに効いてくる傾向が強い。

「改善積み上げ滝グラフ」で打ち手、効果をビジュアル化

外食サービス業の「オペレーション改善」では、どういった要素が有効か。

具体的には、店舗のシフト管理を徹底することによる人件費削減、発注タイミングや基準を適正化することによるロス削減、メニューの見せ方・工夫、おすすめ商品のご案内による売上・利益改善などが考えられる。

図表10　外食業のオペレーション改善施策

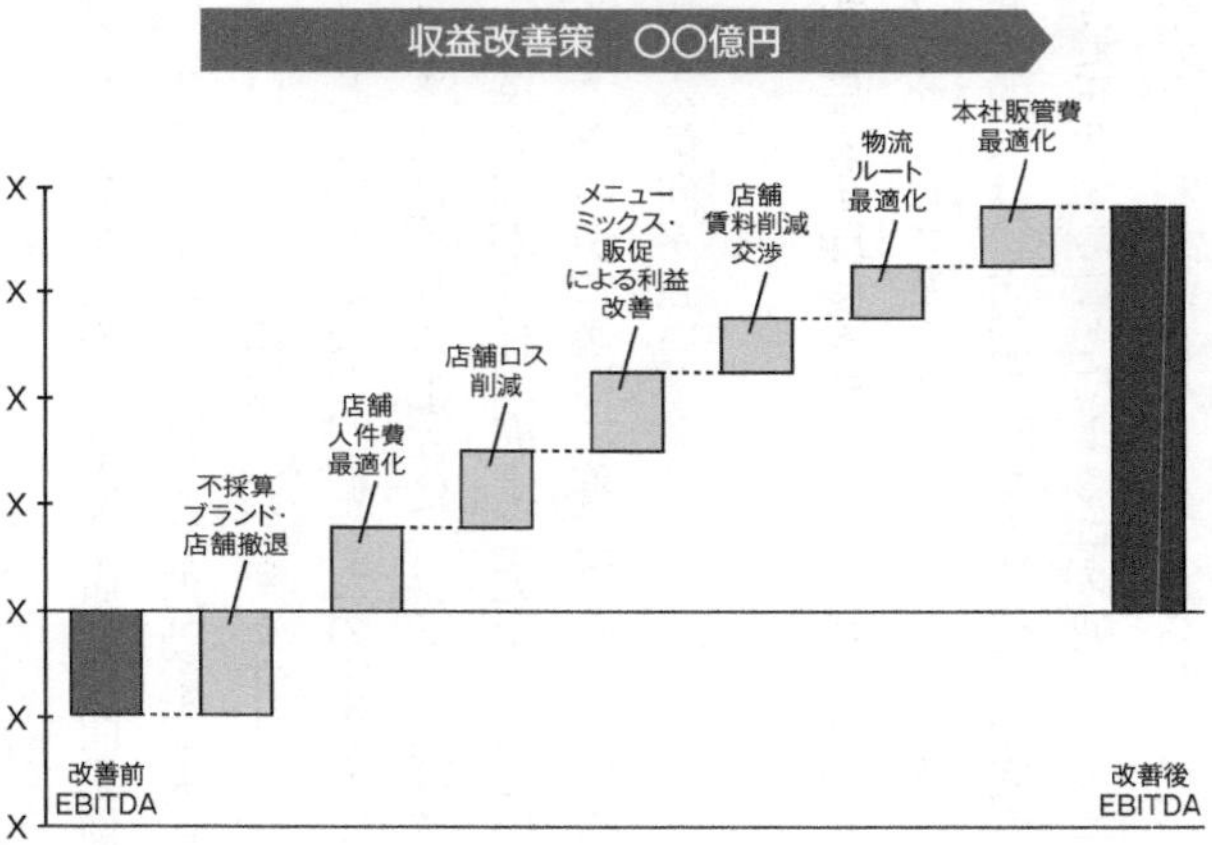

図表10は、我々が、オペレーション改善の実行支援をする際、必ずといっていいほど用いる「改善積み上げ滝グラフ（ウォーターフォールチャート）」だが、このツールを用いることで、「どのような打ち手が必要で、それぞれどのくらいの改善効果が見込めるのか」についてビジュアル化してわかりやすく共有化することが可能になる。このツールは、「これを着実に実現できれば、営業利益、EBITDAがこうなるんだ」という、より具体的な目標イメージを計画策定段階で持ってもらうのに非常に有効である。

そして、実行段階では、「PDCAサイクルをきっちり回して、一定レベル以上の水準を維持継続し続けられるか」が重要になってくるので、「目標として定めた改善金額に到達しているか」について定期的に評価する際にも、この滝グラフは機能する。

労働集約的事業の改善ではスタッフの巻き込みがカギ

外食業のように、社員、派遣、パート・アルバイト等、数多くの従業員を雇用し、事業を営んでいる労働集約的なサービス産業においては、マネジメントから各店舗のスタッフに至るまで、いかにして目標達成意識を浸透させ、モチベーションを高く取り組む仕組み・雰囲気づくりをするか、がカギになってくる。そのため、支援時には、現状課題や目指す姿をきちんと説明し、店長・各店スタッフがパッと見て日々意識できるように、肌感覚としてわかりやすい数値管理テンプレートを適用するなど、工夫を凝らして改革を後押しするようにしている。

さまざまな企業を見てきた経験からいえば、再生フェーズの企業であれ、成長加速段階にある企業であれ、部課長、店長、パート・アルバイト、それぞれのレベルで理解可能な言葉で、目的・現状課題を可能な限りきっちりと説明したうえでのほうが、オペレーション改善の機運、意識が圧倒的に高まりやすい。

ローカル地域の外食業に携わる店長の場合、「PL、営業利益といわれても、実はよくわからない」ということが多いが、一方で、「数値の見方・意味についてわからないから教えてほしい」「どうすればもっとよくなるのか知りたい」といってくる人も実際には大勢いたりする。

そういう状況のときには、どうすべきか。何も小難しい理論を説明する必要はなく、働くスタッフに対して日常接している事象を例に挙げ、数字と紐づけて、「これって実はこういうことなのですよ」「こうすると利益アップにつながるのですよ」と嚙み砕いて説明するとよい。必要な情報・知見をきちんと共有し、現場の方々が「なるほどそういうことが必要なのか」「よし自分たちにできることをやってみよう」と思って動いてくれるようにうまく巻き込むことができれば、改善活動は必ず目に見える形や数字となって表れてくる。

置かれている状況、レベルに応じた処方箋

外食業は典型的な労働集約型産業であるが、このように労働集約的なタイプの企業のオペレーション改善においては、多くのスタッフを巻き込むことが不可避である。多くの企

図表11　スタッフの意識・行動レベルの状況段階

①
自社以外を知らず、
改善余地に
気がついていない
②
問題意識はあるが
何・どこが悪いか
わからない
③
原因、改善策は明示
されているが
実行につながらない
④
改善策の実行が
一過性で
継続できない
⑤
PDCAが回り、
実行・フォローが
継続できている

業を見てきた中で気がついたことだが、スタッフの意識・行動レベルの状況段階は、大枠で、図表11のような分類に分かれる傾向にある。

初期段階は、①のように、ローカル企業で働く社員やパート・アルバイトが、働いている会社以外の外の世界を知らず、これまでずっと同じようにやってきたことをよしとして改善余地にまったく気がついていない状態。

②の段階は、なんとなくうまくいっていない、昔より悪くなってきた気がするとぼんやりとした問題意識はあるものの、「具体的にどの店舗・領域が問題か」はわかっていない状態。

③の段階は、課題や解決策が経営陣などから明示されてはいるのだが、現場のスタッフたちはピンときていない、腹落ちしていないような状態。

④の段階は、いったんは改善できてもすぐに逆戻りすることがあり、できている店舗・チームとそうでないところにバラつきが生じている状態。

⑤のPDCA実行・フォローが継続できているという段階に到達できているというのは、大企業・上場企業であっても意外と少ない。実際のところは、①〜④の段階で苦戦しているケースが圧倒的に多いのではないかと思う。

では、それぞれの状況下でどういった点を意識すべきか。

①②の段階で有効な処方箋のキーワードは「知見の共有」だ。昨今は、日本のサービス産業の労働生産性が欧米諸国と比して低いことが問題として挙げられているが、その理由の1つとして、とくにローカル地域においては、共通に押さえておくべきオペレーション管理の基本や好事例のナレッジを共有化する機会に恵まれていないという現状があるのではないかと見ている。

対応策としては、ローカル企業のマネジメントに携わる方であれば、同業はもちろん、（製造業の管理の仕組みがサービス業においても参考になることもあるので）異業種であっても、他社の事例から学び自社の改善に役立てるという意識を持っていただきたい。また、地域行政や地域金融が開催している勉強会に積極的に参加してみる、スタッフを参加させてみる、ということも有効だろう。

③④の段階でつまずいている場合は、「人心を動かすこと」をとくに意識しないといけ

ない。オペレーション改善の現場では、密接にコミュニケーションを図り現場レベルにまで情報・知見共有化を浸透させること、現場レベルの人でもわかりやすい指標・仕組みを確立することが肝要だ。加えて、経営者自身が粘り強く辛抱強く、ぶれることなく現場オペレーション改善に意識を向け続け、常に現場に足を運び、適切な評価・アドバイスを行ない、強いコミットメントの姿勢を示すことができるかどうか、が成否を分ける要因になる。

オペレーション改善は地道な取り組みなので、油断するとすぐ緩んだりもする。それをコツコツとやり続けるかどうか、大げさではなく、日々の小さなことの積み重ねが企業の生産性・収益性の差に大きく跳ね返ってくる。

ローカル企業の経営者により求められるのは、必ずしもＭＢＡホルダーや特別なカリスマ性といった類のものではなく、「基本に忠実にやるべきことを根気よく続ける資質」のほうだ。我々はこれまで数多くの企業の経営者とお付き合いしてきたが、事実、ターンアラウンドを確実に成功できる企業の経営者は、派手なプレゼンや飛び道具的なアイデアに走るようなタイプではなく、真面目にコツコツＰＤＣＡを回すタイプだ。

12 規模よりも密度の経済性を意識すべき「小売業」

では次に、西側ローカル地域を中心に50店舗程度のディスカウントストアチェーンを展開する小売業の例で考えてみよう。

図表13のように、ディスカウントストアのコスト構造は7〜8割を仕入商品原価が占めるため、付加価値構造は薄めである。競争要因については、品揃えや立地（利便性）などの要素ももちろんあるが、ディスカウントストアという特性上、一番の要素は低価格をいかに提示できるかになってくるので、外食業などと比較すると「限定的」という位置づけになる。

顧客エコノミクスへのインパクトに関しては、売り場の見せ方・商品構成・販促の仕方などの工夫、企業努力による提供価値改善余地は、一定程度ある。市場構造に関しては、ローカル地域のディスカウントストア店舗を訪れる顧客は車で何分圏内といったような商

図表12　地場ディスカウントストアの事業特性分類

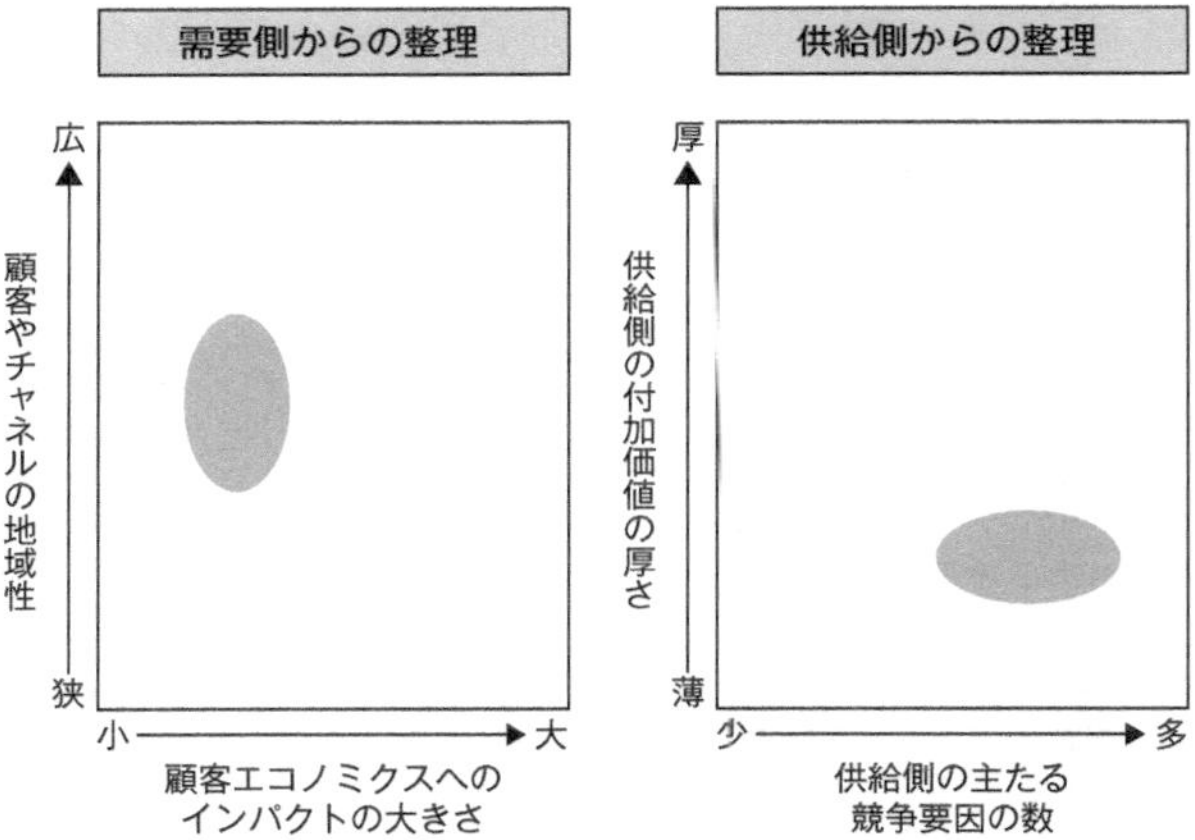

図表13　小売業（ディスカウントストア）のコスト構造

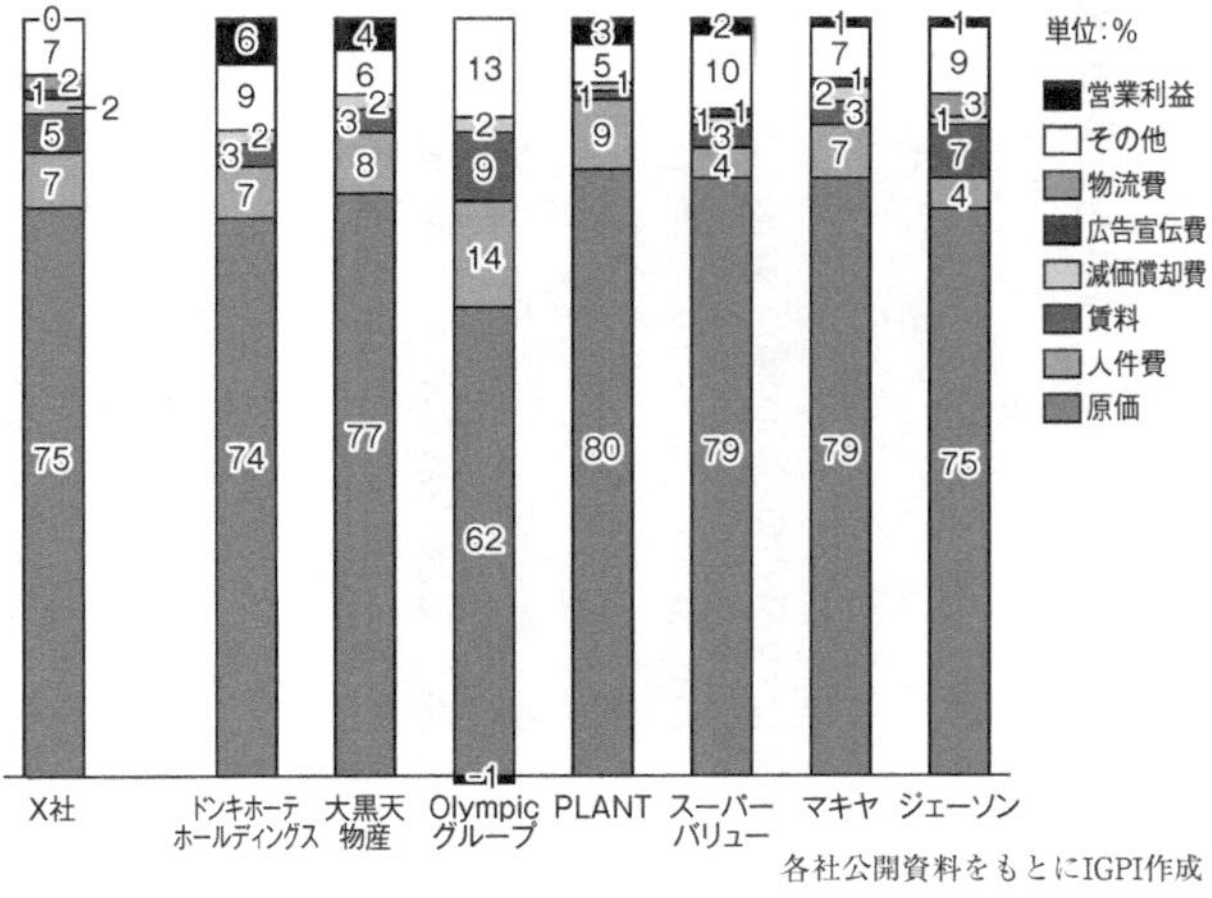

各社公開資料をもとにIGPI作成

圏エリア内に居住する地域住民が主であり、価格が安かったとしても東北エリアに居住する人が九州エリアのディスカウントストアにわざわざ飛行機で買い物に来ることは、割に合わないのでありえない。そういった意味で、市場・顧客は地域に閉じている、需要者の購買行動や利用行動の地域性は高いと見るのが妥当だろう。

多店舗展開の小売業は外食業同様、物流効率・管理効率等の面で密度の経済性が効いてくるため、地域の中でドミナント形成を目指すのが王道であることはまず間違いない。しかし、特性として、商品開発・仕入調達面で一定程度のスケールメリットが効くからといって、ローカル地域の小売チェーン企業が、やみくもに規模拡大・全国展開を目指すのは要注意だ。というのも、やみくもに規模を追うよりも、密度のほうを強く意識して、すでにドミナント形成しているローカル地域の周辺立地店舗に絞り、商圏特性に応じた地域ならではの特色ある品揃え・店づくりをしていくこと、「(エリア・商品等の)選択と集中」を極めることのほうが収益向上につながりやすいケースがよくあるからだ。

自社の強み、競争力の源泉は何？　それは他の地域でも通用する？

実際に、ドミナント形成していた西側ローカル地域圏内からは飛び地となる関東進出へ舵を切ったことを契機に、売上は上がったものの、急激に利益率が低下し、資金繰りの悪化を招いてしまったローカルディスカウントストアチェーンに遭遇したことがある。やみくもに地元エリアから離れた地域で活路を見出そうとしても、そう簡単にうまくはいかないものなのだ。

ではどうすればよいか。こういうときにまず考えるべきは、「自社の強み、競争力の源泉は何なのか？」ということだ。ローカル地域では、顧客とスタッフとの日々のコミュニケーションや顧客の声を拾うツール（ご意見箱、リクエストカード等）を通じてお客様のきめ細かなニーズを吸い上げ、土地柄なども考慮したうえで、全国展開のナショナルチェーンには真似できないようなニッチな商品展開を行なっているところも多い。顧客の顔を覚えてコミュニケーションをとるような接客を行なうなどによって、地元の人たちに愛されてきたという企業もあるだろう。

この類の企業の自社の強み、競争力の源泉は、「地域との密着度の濃さ」であることは明らかなので、「域外に進出して通用するのかどうか」「その選択が果たしてベストなのか」については、立ち止まって考えるべきだ。また、仮に広域で勝負できる強みを有していたとしても、新たなエリアへ進出する場合には、物流効率の問題、マネジメント負荷の問題を鑑みても勝算があるのかなど、相当慎重な見極めが必要になってくる。

ローカル地域を中心としたエリアの選択と集中

我々はこれまで、業績悪化の打開策として、新規出店、新たなエリアへの進出はどうかと悩んでいるいくつかのローカル企業に遭遇してきたが、即座に進出を後押ししたというケースは、実は非常に少ない。

「新たなこと」を模索する前に、「原点回帰」をスローガンとして、まずは、現行店舗のスクラップアンドビルド、オペレーション改善を実施することが必要だというアドバイスを行ない、業績改善を実現したという企業のほうが圧倒的に多い。

地域ドミナント形成を意識しつつ、同じ県内でも、売上不振で物流効率が悪い店舗の撤退・統合を図ったり、人員配置を見直したりと、まず、核となるローカル地域を中心としたエリアの選択と集中を図ったことで、より無駄のない筋肉質の体制になり、売上は横ばい、もしくは微減であっても収益性はアップしたというケースはよくある。

加えて、注意しなければいけないのが、ローカル企業が新たなエリアへ進出する場合、当初の想像以上にマネジメントへの負荷が高くなるということだ。ローカル企業の場合、幹部社員は限られていることも多いので、足元のオペレーションに不安を抱える中で、新エリア進出や新店にエース人材を投入してしまうと、とたんに、既存店舗の業績が悪化してしまうということになりかねない。そういう意味でも、域外に活路を見出す前に、改めて「地元エリアの中で、やるべきことをきっちりやりきれているか？」を問うてみることが重要なのだ。

⑬ 付加価値が薄い傾向にある「卸売業」がやるべきこと

卸売業は付加価値の幅が一般的には薄い傾向にあり、地域の卸売同業各社間で同一製品を取り扱っている場合、競争要因が、価格や御用聞き的な使い勝手のよさなどの限定的な要素になり、競合他社と差別化しにくいケースもある。

また、物流コストの面では、購入側と近い場所にあることが優位に働くので、対象市場は閉じたエリアが主である。顧客エコノミクスへのインパクトの大きさについては、やり方によっては顧客のビジネスモデル変革を促す可能性もありうるが、一般的な形で単にモノを横に流すだけであれば、インパクトは小さい。

ローカル地域の卸売業の場合、仕入先・取引先との力関係や競争環境などの外部要因によって勝敗が決まってしまっており、そう簡単には覆せないというケースも頻繁に見受けられる。「地域内に大手+地場プレーヤーが複数存在しており、飽和状態で構造的に儲か

図表14　卸売業の事業特性分類

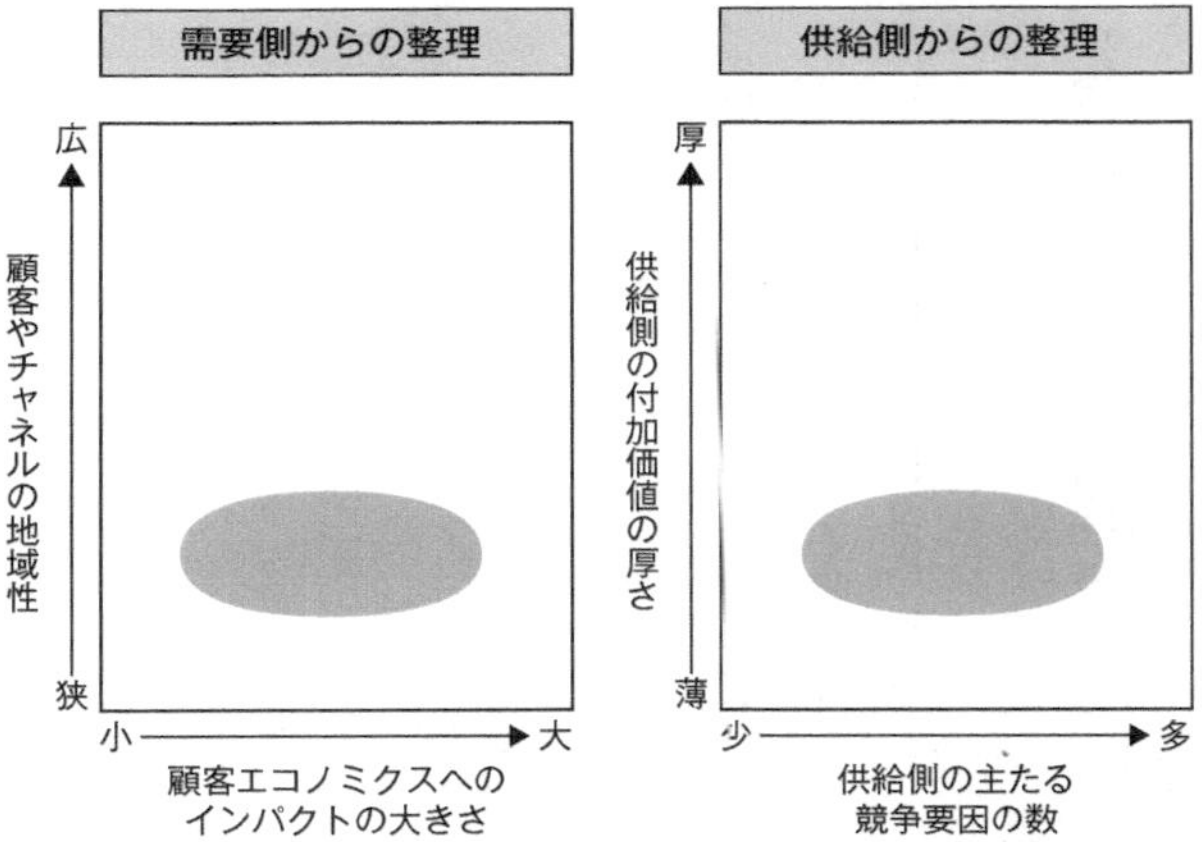

らない」という環境下に置かれた卸売業は難しい立ち位置ではあるが、だからこそ、やるべきことがある。

打ち手を考えるうえで必要なのは、まず、きめ細やかな見える化

構造的に利幅が薄く、数％の仕入価格の変動で赤字に陥ってしまうことがある卸売業においては、製品別、販売先別、仕入先別、地域別、拠点別など、きめ細かくＡＢＣ分析を行なうことが打ち手を考えるうえで極めて重要だ。

ＡＢＣ分析とは、各項目別の売上・利益などについて、構成比80％までをＡ、構成比80％～90％までをＢ、その他90％以上をＣとい

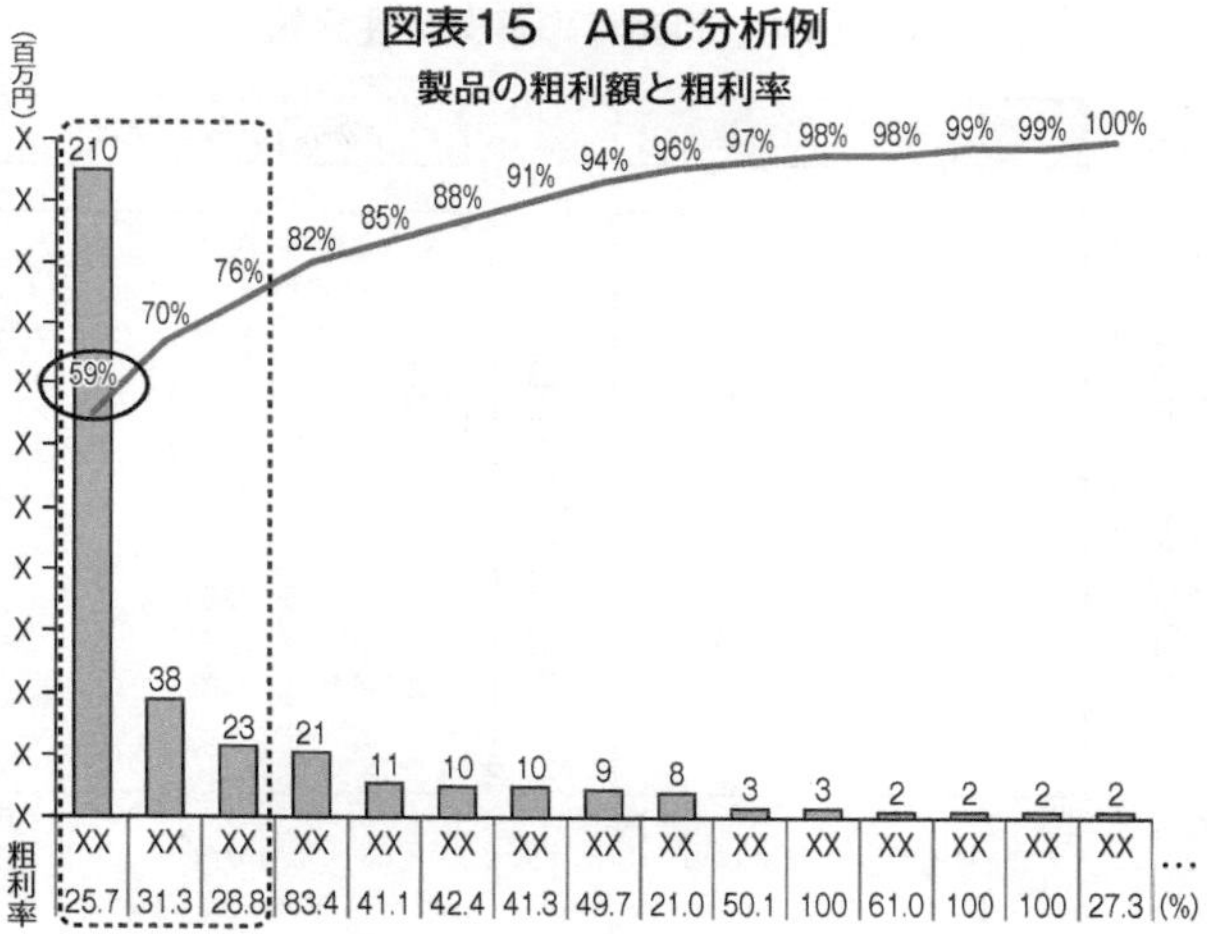

図表15　ABC分析例
製品の粗利額と粗利率

ったようにランク付けして、重要度を分析する手法である。

図表15は製品別の粗利率の例だが、このように分析してみると、実際のところ何で稼いでいるのか、利益の源泉が明白になってくる。とくに卸売業の場合、取扱商品アイテム数が膨大に及ぶと、損益管理のメッシュが荒くなってしまい、実態がよくわかっていないという企業が非常に多い。

ローカル企業の場合は、システムの整備も十分でないことが多く、仮にシステムを導入してデータ化していたとしても、ただ溜めてあるだけで分析はしたことがないというケースもよくある。そういう場合、我々は、各企業の状況に応じて、まず取得可能なデータをもとに必要に応じて分類・配賦を行なうなど加工して、見える化の枠組み・ベースを作るようにしている。

今はないが、どうしてもこの見方・データが必須というケースでは、必要性を認識してもらったうえで、こちらでエクセルベースの枠組みを作り、情報収集してもらったりすることもある。

こうしたとき、とくに意識してほしいのが、最初から１００点満点の完璧なデータの取得を目指すことよりも、まず、可能な範囲のきめ細かなメッシュで分析して傾向をつかみ、早期に打ち手を議論するよう促していくことだ。「完璧なデータが取れないから」といって、どんぶり勘定で仕方なしとしている企業は多いが、たとえ限定的なデータであっても、少し工夫して加工・分析し、対応策を講じていたら、ここまでにはならなかっただろうに、というケースはよくあり、非常にもったいないことだと思う。

実際、我々が支援に入り、数週間でありもののデータをさまざまな切り口から分析してみて初めて、経営陣が「こんなに赤字取引先、赤字製品が多かったのか……」と気づいたケースも少なくない。

きめ細やかな「見える化」分析は打ち手導出の第一歩である。そのうえで、儲からない製品・取引先・拠点を時に思い切って捨てるという選択肢も含めて、「選択と集中」を考えていくことが生き残りへの道につながる、ということも念頭に置いてほしい。

「顧客側の変革を促す、新たな価値を生む」という視点

同業ひしめくローカル地域の卸売業では苦戦している企業も多いであろうが、顧客経済へのインパクトという観点では可能性がないわけではない。顧客ニーズや環境変化などの諸条件が合致すれば、顧客側の変革を促す、新たな価値を生むといったように、ブレークスルーにつながることもありうる。

具体的にいうと、ITの進化を活かしながら、サービス領域を拡大している企業も出てきている。たとえば、卸売業において、流通データを分析して小売店に対して広告・販促企画実施を行なったり、独自のユーザー調査基盤を持ってメーカーに対して新商品開発支援を行なったりという動きは、顧客側の業務効率化に寄与している例だ。また、食材の卸+物流機能に加えて、飲食店や食品加工メーカーが欲するトレーサビリティー情報を提供するといったことも、顧客にとっての新たな価値を生む動きである。

このようなサービス提供を実現するには、一定の企業体力も必要になってくるだろう

が、特徴的なこととして、新たな価値の創出に成功している企業は、「プラスαのサービス、フォローアップをいかに実現していくか」という意識を持って、常に顧客とコミュニケーションを図っていくという企業文化が根づいている傾向にある。このように、前線の現場スタッフが刻々と変化する顧客動向、潜在ニーズに常にアンテナを張って提案を考えていくカルチャーを定着させることが、新たな価値創造の糸口になりうるのだ。

他社と補完関係を築くことでの生き残り

自社単独での生き残り、成長の絵姿が描けるに越したことはないが、卸売業は、構造的には付加価値が薄く、差別化がそう簡単ではない業界であり、ローカル経済圏において、苦戦している企業が多いことも事実である。

それゆえ、取り巻く環境、将来を見据えたうえで、積極的に先手を打って他社と補完関係を築くことで、生き残りを模索するというのも選択肢の１つになってくる。とくに域内で競合が複数存在し、似たようなロケーションに拠点・出張所があり、取り扱い品目もほぼ同様、地域全体での需要が落ちているケースは要注意だ。お互いに両にらみでパイの奪い合いを続け、新たなサービスを模索しようにも投資余力がない、業績不振で金融機関からの融資も下りない、という状況で我慢比べを続けると、残念ながらいずれの企業もじり貧に陥ってしまい、賃金水準は一向に上がらない。このような状況下にある場合は、働く従業員の幸せ、事業の存続のために、他社と組むという選択肢はどうか、ということも考えていかなければならない。

⑭ 域外、グローバルでの勝負を挑む「製造業」の進むべき道

では、製造業の場合はどうか。

概して、付加価値は厚く、競争要因も多様という傾向にある。

そして、グローバルで勝負を挑めるような特有の技術を有する製造業の場合、ローカル経済圏であれ、世界各国からの依頼・注文が入る可能性があるので、地域性は広域に位置づけられる。また、顧客経済へのインパクトの大きさについても、取り扱い製品・技術によって広がりが期待できるといえる。

技を極めて一流パートナーとタッグを組む

グローバルで勝負を挑めるほどの技術を有するローカル製造業の場合、進むべき道は大きく分けて２つある。

図表16　グローバル展開可能なローカル製造業の事業特性分類

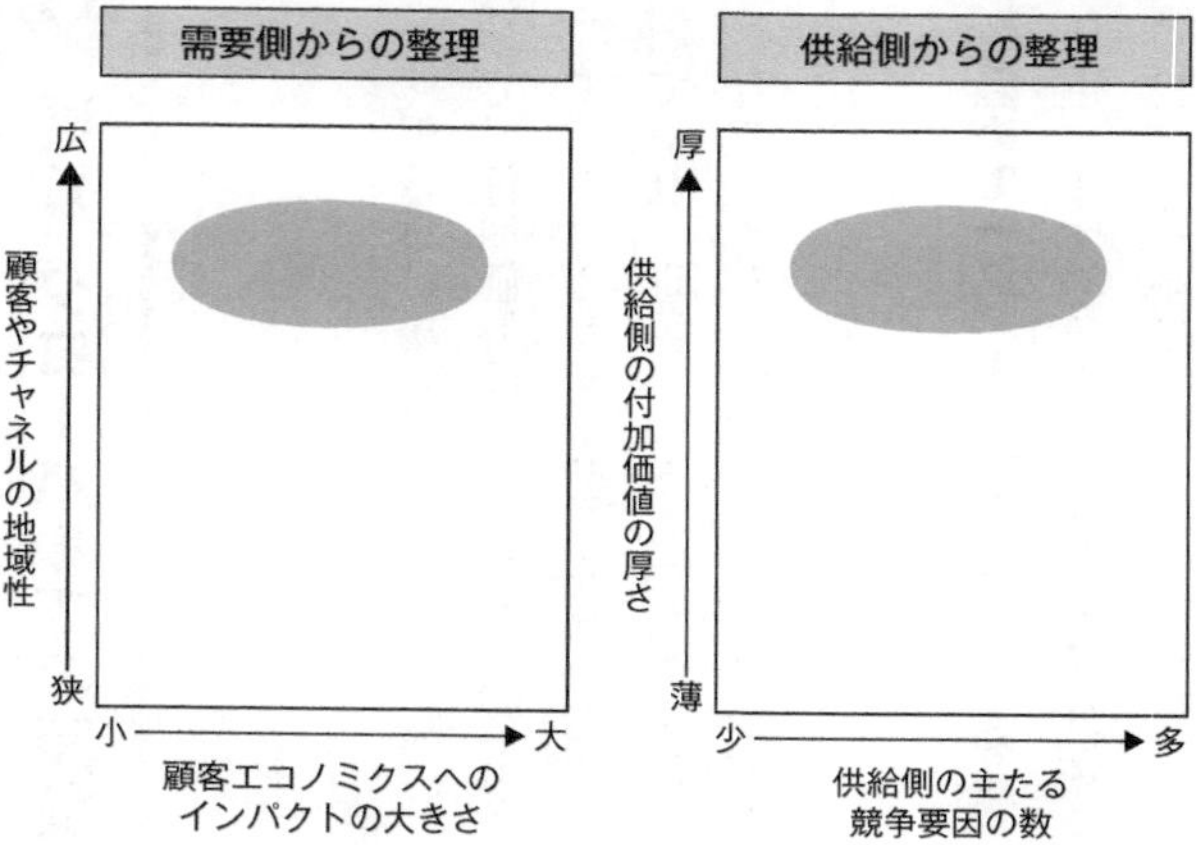

そのうちの1つが、一流パートナーに認められ、声がかかるレベルにまで技を極めて、タッグを組んでパートナーとともにグローバル展開をするという選択肢だ。とくに、展開可能性が世界各国に広がっており、複数国で工場を構える必要がある場合など、ローカル企業独自での海外進出は、リスクが高いケースもあるだろうし、現地におけるネットワーク構築といったような初期段階での負荷も大きい。

それゆえ、技術面に専念する形で、一流パートナーと補完関係を築きながら海外進出、海外シェア拡大を図っていくことは1つの理想的な形だ。ただし、相当卓越した技術がないと一流パートナーと組むことはできない狭き門である。

最近人気を博したテレビドラマ『下町ロケット』で話題の大手帝国重工企業に認められた佃製作所のように、「うちの技術は日本一、世界一」だと自信を持っているローカル企業は、その道にチャレンジしてほしい。

独自ブランドを磨いてグローバルニッチトップを狙う

我々が見てきた企業のうち、某ニッチ加工機業界で、世界18カ国で特許を取得、海外でも商社を通さない直接販売を実施し、高い海外シェア比率を占めているローカル企業がある。この企業のように、独自ブランドを磨いてグローバルニッチトップを狙うという道が、グローバルで勝負可能なローカル製造業のもう1つの選択である。

ローカル企業であっても、独自の技術基盤を確立したうえで、顧客ニーズを汲み取り、海外競合には真似できないきめ細やかさですり合わせ型のものづくりを実践し、ニッチな領域でトップシェアを確保している企業も存在する。

反対に、よい技術を有していても、中途半端な方向性で宝の持ち腐れになってしまっている企業も残念ながらある。グローバルで勝負を挑んでいる、挑める可能性のある経営者の皆さんには、自分自身が2つの選択肢のいずれかに向かって走れているのか、今一度考えてみてほしい。

15 縮小均衡の地場産業的「製造業」、下請け的「製造業」におけるチェックポイント

ローカル経済圏において「需要と供給のバランス」は悩ましい問題だ。市場のパイが減少する中で供給過多になっており、このままでは生き残れない、共倒れになるとの懸念を持ち続けながらも、工場・生産ラインの縮小撤退、従業員のリストラといった痛みを伴う施策の実行を決断できずに、業績悪化の一途をたどったまま、ただ生きながらえるだけという企業が、ローカル地域に多数存在してしまっているという現状がある。

先に挙げたような卸売業と同じような境遇にある企業はまさしくそうだし、卸売業よりは付加価値の幅が厚いとはいえ、たとえば地場の建材産業のように、市場・顧客が比較的狭いエリアに閉じていて、かつ顧客エコノミクスへのインパクトが小さい製造業、大手メーカーの下請け的な色が濃い製造業についても、悩みを抱えている企業は多いだろう。その場合、まず足元の現状をしっかりと見極めたうえで打ち手を実施することが肝要となっ

図表17　地場建材メーカーの事業特性分類

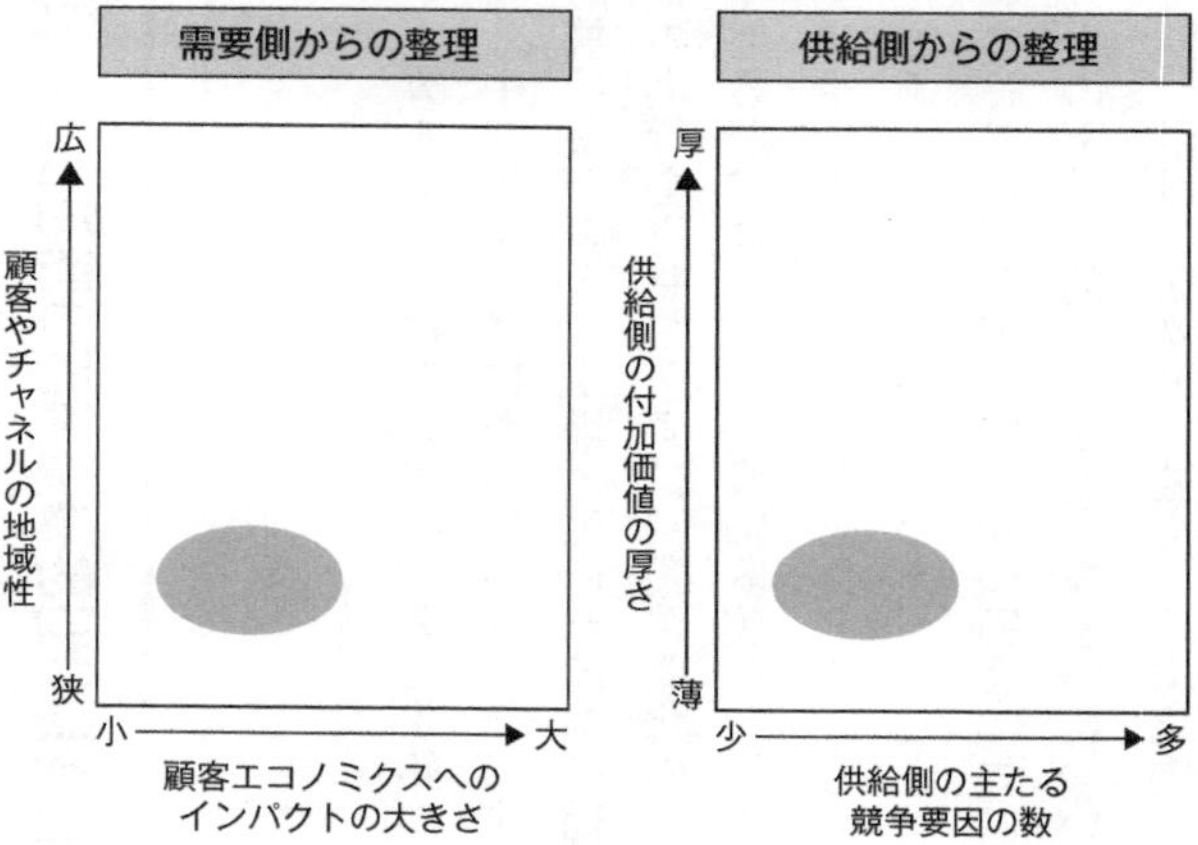

てくる。

儲かっている製品・儲かっていない製品が見えていますか？

我々はこれまで、地場産業的・下請け的製造業において、売上比率・依存度合いが高いという理由から、大手メーカーなどの依頼主にいわれるがまま、断りきれずに受注し続け、気がついたら、雪だるま式に赤字が膨らんでいたというケースをいくつも見てきた。

こういったケースでは、「何が儲かっていて、何が儲かっていないのか？」という問いに対して、経営陣からきちんとした答えが返ってこないことが大半で、仮に「このあたりの拠点・製品が赤字で足を引っぱっているのではないか……」とぼんやりと捉えられていたとしても、数値影響まで把握できていないケースが意外と多い。この類の企業から、資金ショートの懸念が見え隠れした状況で支援依頼を受けることも多いのだが、緊急度が高い場合、赤字拠点・製品・取引先を見極めて「止血策」を実施することが急務となる。

将来を考え、先手を打って他社と組むという選択肢は？

このように資金ショートする懸念がある企業の場合は、まず止血策で当面の事業の安定化を図りつつ、将来的な戦略・打ち手を検討することになるが、その際、地域を取り巻く状況を俯瞰《ふかん》し、当該会社の立ち位置や優位性を冷静に見極めたうえでアドバイスをするように心がけている。

多くの場合、オペレーション改善などの打ち手により一定の改善効果は見込めるのだが、将来的に縮小均衡は免れないと思われるケースでは、合従連衡も含めた選択肢を考えるように促すこともある。

某ローカル地域の一般住宅向けの建材メーカーで、地元に根づき発展してきたとある企業の話をしよう。この企業を取り巻く環境としては、住宅着工件数減少や材料費高騰の煽りを受けて域内の業界各社の業績が大幅に低下し、資金繰りも青色吐息の中、地域金融機関が何とか各社の資金をつないで、ゾンビのように延命させているという事態に陥っていた。

当該地域の業界は、そもそも根源的な問題として、地域内の企業を合わせて考えたときに、市場規模に比して1・5倍以上の生産キャパで、明らかに供給過剰であった。にもかかわらず、各社がそれぞれ自分のところの工場稼働率向上策に終始するのみで、価格の叩き合い、安売り販売に拍車がかかってしまっていたのだ。

業界の再編の必要性は明らかであったが、地場産業で何世代にもわたり事業を営んできた地元の名門一族が軒を連ねる業界に対して、「業界のために廃業してください」「設備を捨ててください」などとは簡単にいえることではない。しかし、それをただ黙って放置すると業界全体が沈没しかねないという状況であった。

このときは、我々および地域金融機関が冷静な目で見たときに、地域内での集約化が必要ではないかという結論に達した。それゆえ、各企業のオーナーを辛抱強く説得し、最終的には納得のうえで一部企業を廃業へと導き、残る社員・商圏・必要設備は別企業に引き継ぐ形をとった。一時的には、廃業に追い込まれた企業は恨めしく思うかもしれないが、このまま何もしないで数年経ったあとの末路はどうなるか、想像してみてほしい。最悪の場合、ゾンビ同士の我慢比べで地域産業全体が衰退してしまうこともありうるだろう。見方を変えれば、早期の決断により、結果的に地域産業の生き残りの道筋をつけ、従業員が新しい職場で、これまでよりもよい待遇・給与で働く機会を創出したともいえるのだ。

⑯ 競争要因が多種多様に及ぶ「宿泊サービス業（ホテル・旅館）」

いずれの地域でも必ず存在する旅館・ホテルなどの宿泊サービス業の場合、付加価値の幅が比較的厚く、競争要因は、立地、客室・結婚式場・宴会場・温泉施設等のハード面の設備充実度、接客・食事・サービス等のソフト面の質といったように多岐にわたっている。図表19のように、ネットや雑誌媒体等でも細かな点数評価がなされている。

実際、顧客が宿泊施設を選ぶ際は、「○○に近くて便利なのはこちらかな？」「地元食材をふんだんに使った料理といえばここが有名！」「スタッフの感じがいいのはここ！」など、目的に応じて優先すべき項目・要素で評価したうえで決めるだろうし、実際の宿泊時にも、図表19のように、予約をとる段階の入り口から出口まで実に多様な側面から良し悪しを見極めて「また来たい」あるいは「次はない」など、その後の行動につなげていく。

また、顧客施設の立地・設備によっても若干違いはあるだろうが、利用客は地域住民の

図表18　ホテル・旅館の事業特性分類

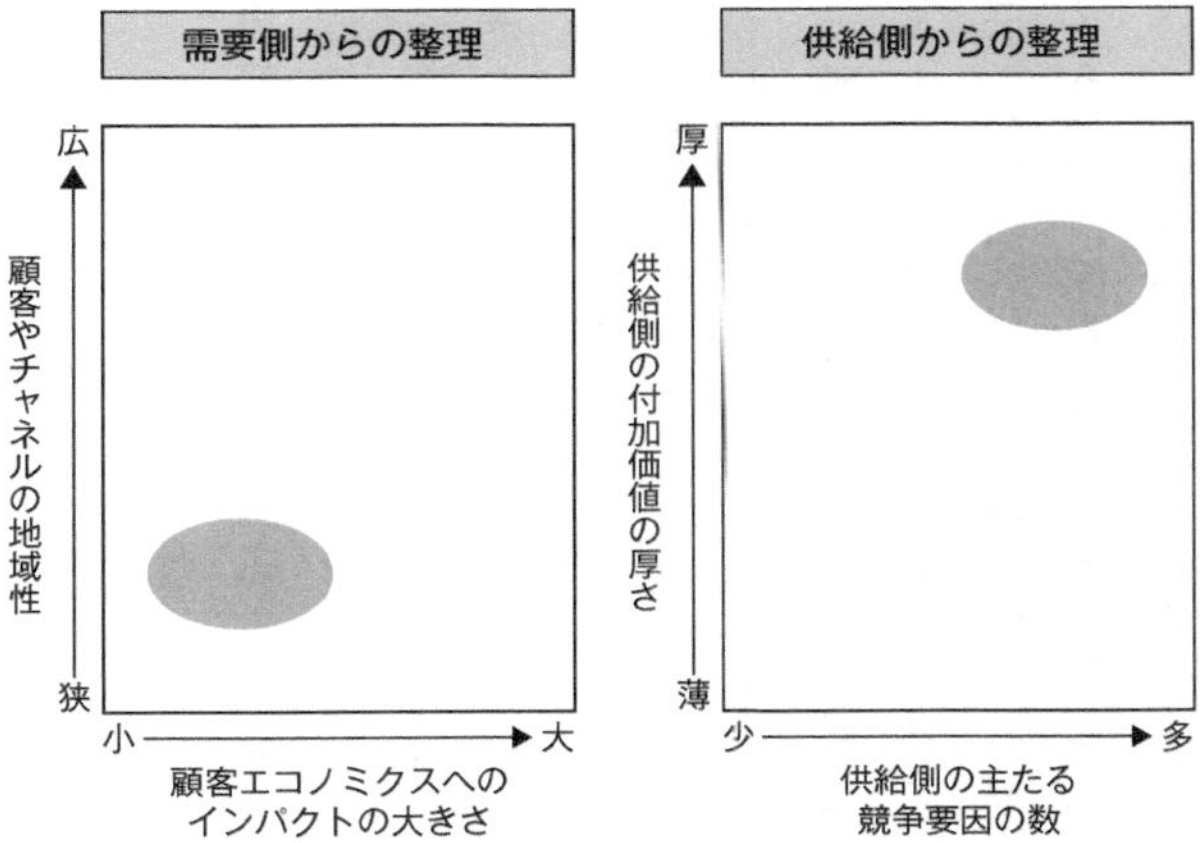

図表19　ホテル・旅館の顧客評価軸

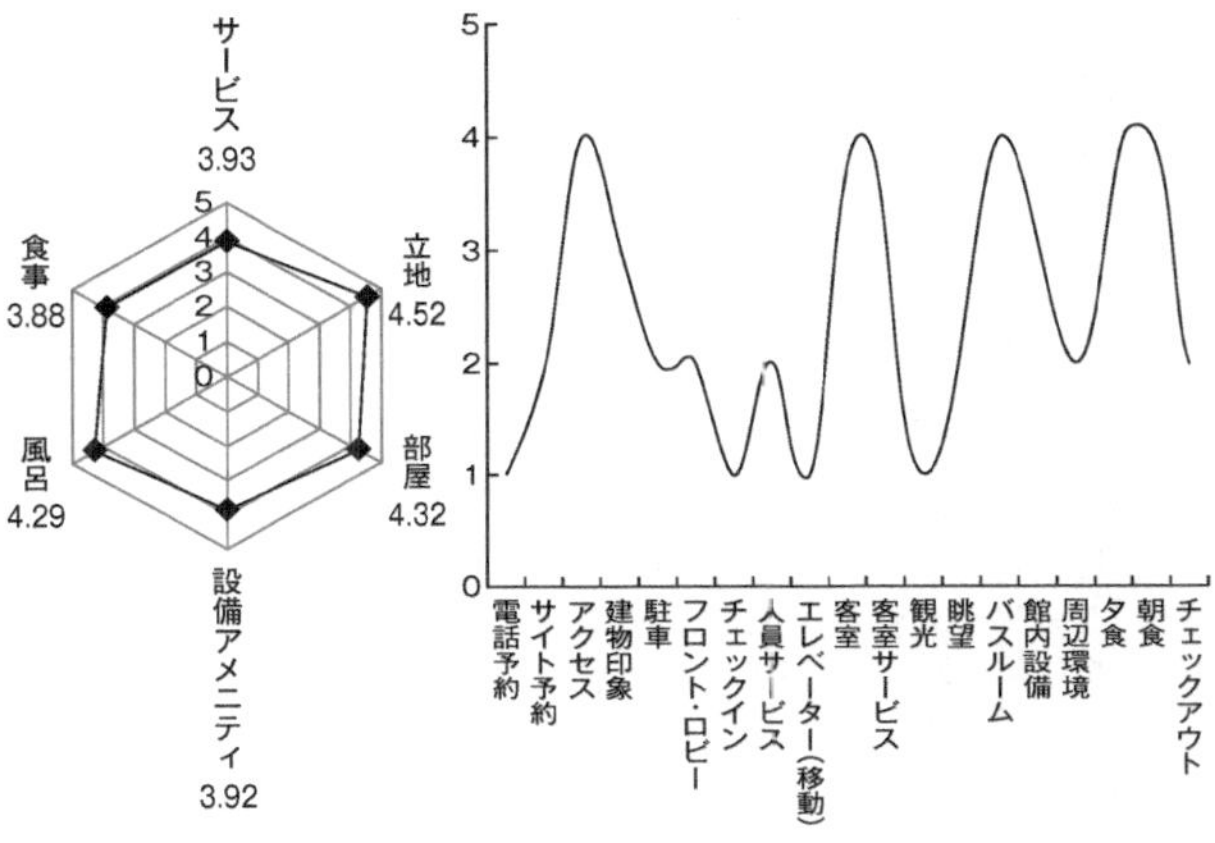

みでなく、全国、海外からのお客様も想定できることから、ターゲット顧客・市場は広域に広がりのあるタイプの事業だ。

稼働率をいかに高めるか、労働生産性のカギは多能工化

減価償却費・賃料が占める割合が高いコスト構造からもわかるように、ホテル・旅館は大型の設備投資が必要、かつ、維持・リニューアル投資が一定期間ごとに必要となってくる「資本集約型ビジネス」である。

投資回収の観点では、自社の有する施設（ハコモノ）の稼働率をいかに高めていくかが極めて重要だ。オペレーション面でも、稼働率管理、部屋当たりの収入を最大化するためのイールドマネジメント（繁忙期には値段を上げ、閑散期に値段を下げる等）の仕組み・日々の指標数値管理の巧拙が収益の良し悪しに大きく響いてくる。

ローカル地域ではとくに、スタッフを固定的に抱える傾向が強いが、旅館・ホテルは、同じ時間帯にお客様がやってきて、同じ時間帯に食事をして、同じ時間帯に帰っていくというように、労働のハイタイムにアップダウンがある職場だ。ゆえに、多能工化をいかに実現するかがオペレーション効率向上の重要なテーマの1つとなる。

お客様係、フロント業等々、複数の業務を1人の人間でやれるようにして、労働力のアイドリングタイムを減らすことができれば、労働生産性の改善に大きく寄与できる。

競争環境良化の観点

これまで述べたように、地域の宿泊サービス業各社それぞれの企業努力・創意工夫により収益改善できる余地はいろいろあるものの、一企業だけの努力ではいかんともしがたいこと、地域全体の問題として考えなくてはいけないことについても触れておきたい。

観光地にあるホテル・旅館は、各社それぞれ、日本国内そして海外のお客様をいかに取り込むか、あの手この手を考えているが、旅行客が宿泊施設を選択するときにどういう行動をとるか考えてもらいたい。たいていの旅行客は、観光地を選んでから旅館を選ぶ。つまり、「①対地域」と「②地域内」の2つの異なるレベルでの競争が発生しており、観光地・地域全体の集客によって、その地域のホテルや旅館の売上も決まってしまう。

ここで注意しなければいけないのが、②の地域内の競争環境が適切に保たれているかどうかである。需要と供給のバランスだ。顧客ターゲットが海外も含めて広域に広がっているとはいえ、他地域と顧客を取り合うことになるため、訪問客が伸び悩む地域も当然出てくる。需要と供給が過度にアンマッチ・供給過多の状態だと、慢性的な空室状態が発生し、地域内のどの旅館も稼働率を上げるために価格を下げざるをえなくなる。そして、一企業がオペレーション改善努力を積み重ねたとしても解決できないような、地域全体として構造的な安売り・低利益体質に陥ってしまうこともある。

需給のバランスが崩れている中で、各社それぞれ無理をして露天風呂刷新などの設備投資による起死回生を志向したりすると、いずれも期待する投資回収効果は上がらず、赤字施設を増やすことになりかねない。そして、状況を放置し続けると、最低限の修繕投資すらままならなくなり、必要な人件費・コストを削らざるをえず、サービスの質が低下したりと、結果的に地域全体として魅力度低下を招くことになってしまう。

実際、産業再生機構時代に関わった日光・鬼怒川のケースも、需要に対して旅館数が明らかに多すぎるのを調整できないまま、温泉地全体で過度な安売り競争を続けてしまったことが事態悪化の根本原因であった。

インバウント顧客が増加しているとはいえ、今なお、当時の日光・鬼怒川のように、明らかに旅館数・部屋数過多の状態にある温泉地は多数あるだろう。こうした状況に陥っている場合は、旅館それぞれの取り組みを積み重ねるだけでは解決できない問題を孕《はら》んでおり、一旅館でできることの限界を超えているので、地域金融機関などが主導して、「集約化」を推し進め、「競争環境を良化」することも含めて考える必要が出てくる。資金繰りに窮し、債務超過に陥って倒れる旅館が続出して荒廃が進み、いよいよどうにもならなくなってからでは遅い。地域としての魅力度が下がってしまう前に、早い段階から将来を見据えて仕掛けていくということこそが重要だ。

集約化のような取り組みは、痛みを伴い、淘汰される側からの反発もときとしてある。ただ、もう少し早く相談に来てくれれば……というケースに何度も遭遇している我々からすると、一歩先んじて手を打つことが長期的には地域全体を守ることにつながるはずだという信念を持って断行しようとする経営陣、自治体、金融機関が現れることを願わずにはいられない。

⑰ 2018年が差し迫る中での、ローカル大学「学校法人（私立大学）」の改革

ローカル経済圏の産業の中で欠かせないのが、教育、医療・介護、公共交通といった公共性のあるサービス産業だ。これらの産業は、公共サービスである以上、政府が補助金を投入するなどして、ある種の介入を行なう規制産業にならざるをえない。そのため、競争市場の規律は完全には働かず、規制のデザインに影響を受ける傾向にある。

ここでは規制内容の良し悪しについて論じるのは避けるが、公共サービス産業については、とくに昨今、国レベルでも、地域の人口動態・将来を見据えて、あるべき姿や需要と供給のバランス調整の必要性についての議論がなされているため、近い将来どういったことが起こり得るのか、それらの動向にアンテナを張って注視しつつ、後手後手にならないよう、どのような準備・対応が必要なのかあらかじめ考え、気づいた時点から行動に移すという意識が重要だ。学校法人については2018年問題が差し迫る中で、どういった改

革が必要なのか、考えていく必要がある。

規制デザインの影響を受ける学校法人

教育サービス業の事業特性をより具体的にイメージしてもらうために、ここでは、ローカル地域にも数多く存在する偏差値40～50前後の私立大学を例に挙げてみよう。

図表20の学校法人の資金収支を見ていただくとわかるとおり、収入の二大要素は生徒納付金（1人当たりの生徒納付金×学生数）と国からの補助金だ。支出のほうは、教員・職員の人件費、減価償却費の割合が非常に大きく、いわゆる材料仕入的な外部調達要素は限りなく少ない付加価値が高い事業だ。

図表20　学校法人の損益構造

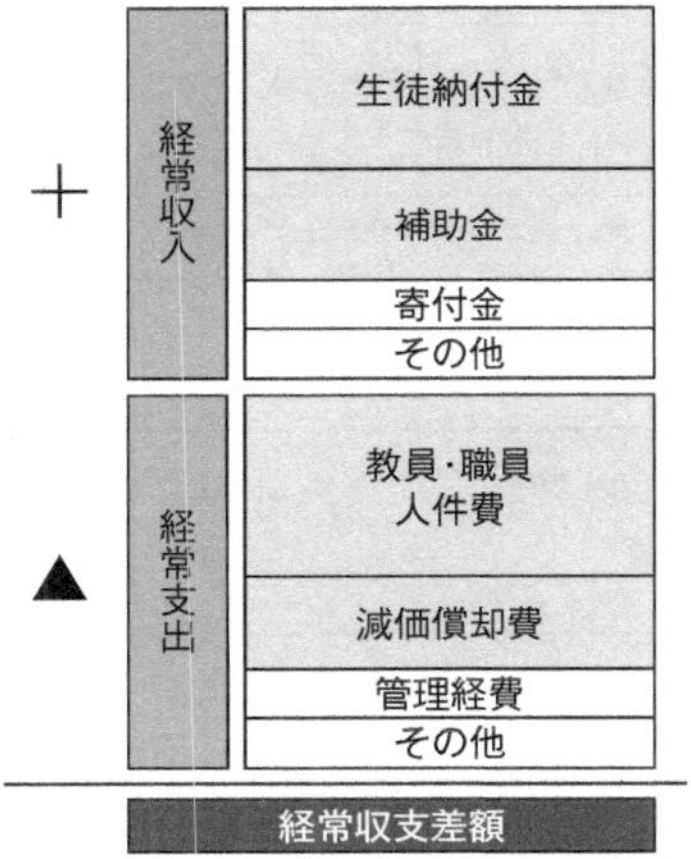

競争要因はというと、同一偏差値でどちらに行こうかとなったときの学生側の選定の軸としては、教育内容（学部構成・カリキュラム）、教員・職員の質、立地・施設設備の充

図表21　私立大学のタイプ分け

タイプ１ 教育の質的転換	✓全学的な体制での教育の質的転換（学生の主体的な学習の充実等）に取り組む大学
タイプ２ 地域発展	✓地域社会貢献、社会人受け入れ、生涯学習機能の強化等に取り組む大学
タイプ３ 産業界・他大学等との連携	✓産業界や国内の他大学等と連携した高度な教育に取り組む大学
タイプ４ グローバル化	✓語学教育強化、国際環境整備、地域の国際化など、多様なグローバル化に取り組む大学

出所：文部科学省「平成27年度私立大学等改革総合支援事業」関連資料

実度が挙げられる。提供サービスの根幹をなす要素の教育内容に関していうと、新規参入・コースの新設も認可が必要で、学部の種類と規模および大学全体の収容定員に応じた教授の数を配置しなくてはならないなど、補助金拠出の前提として諸々の規程が設けられている。供給サイドが自由にサービスをアレンジできるわけではなく、まったく新たな価値を創出することはなかなか難しい。

私立大学の場合は、図表21のようなタイプ別基準が設けられており、取り組みの点数が高い大学には補助金が加算されるなど、規制デザインによってある種の誘導がなされている側面もある。顧客である学生に関していうと、ローカル地域の私立大学の場合、同じ県内および隣接県出身の学生がかなりの比率を占めているケースが多く、地域性は高い傾向にある。

都市部の大学や地方でも偏差値がかなり高い大学に関しては全国から志望学生がやってくるケースもあるが、ローカル地域の私立大学の場合、メイン顧客ターゲットはというと、やはり周辺地域出身の学生になる。それゆえ、需要サイド、周辺地域の顧客人口（18歳人口）予測と、供給サイド、学部ラインアップおよび定員数のバランスは注視しておかなければならない。

学校法人においても見える化は有効

製造業・小売業など一般の事業会社であっても「何が儲かっていて、何が儲かっていないか」について、数字できっちり捉えられていないケースは多々あるが、私立大学に関していうと、学部別の収支構造を定期的に分析し、黒字・赤字の学部はどこか、どうすれば収支改善につなげられるか、「見える化」ができている法人は限りなく少ない。

図表23は、我々が私立大学の改革を支援した際に、収支構造を分析したチャートだが、こういった数値を示して初めて、「この学部はこんなに赤字を垂れ流してしまっていたの

図表22　ローカル私立大学の事業特性分類

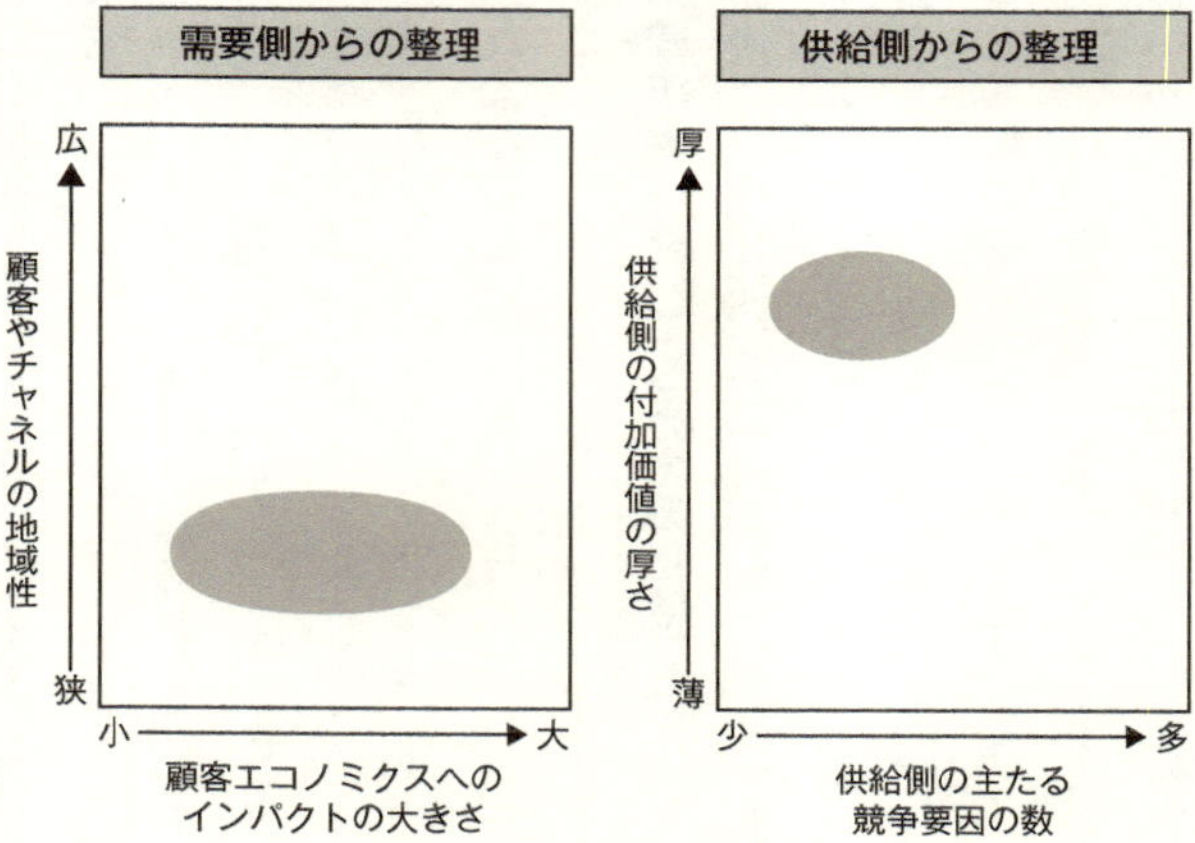

か」「この学部も赤字だったのか」と気づくのが大半だ。

なぜこういう事態に陥ってしまうのか、当然のことながら学校法人の数値管理に甘さがあるというのは否めない。収入の部分は学部別に明確に分かれるので見ているが、コストサイドについては、共通する部分があって分けられないので仕方がないとなりがちだ。一般的に製造業などで行なわれるように「直接コスト」と「間接コスト」に分けて、間接コストを配賦計算してみるといった発想をそもそも持っていない傾向が強い。

加えて、地域金融機関サイドも、学校や病院のような公共サービスは補助金を受けて運営している特殊な事業で財務諸表も一般事業

図表23　私立大学の学部別収支構造

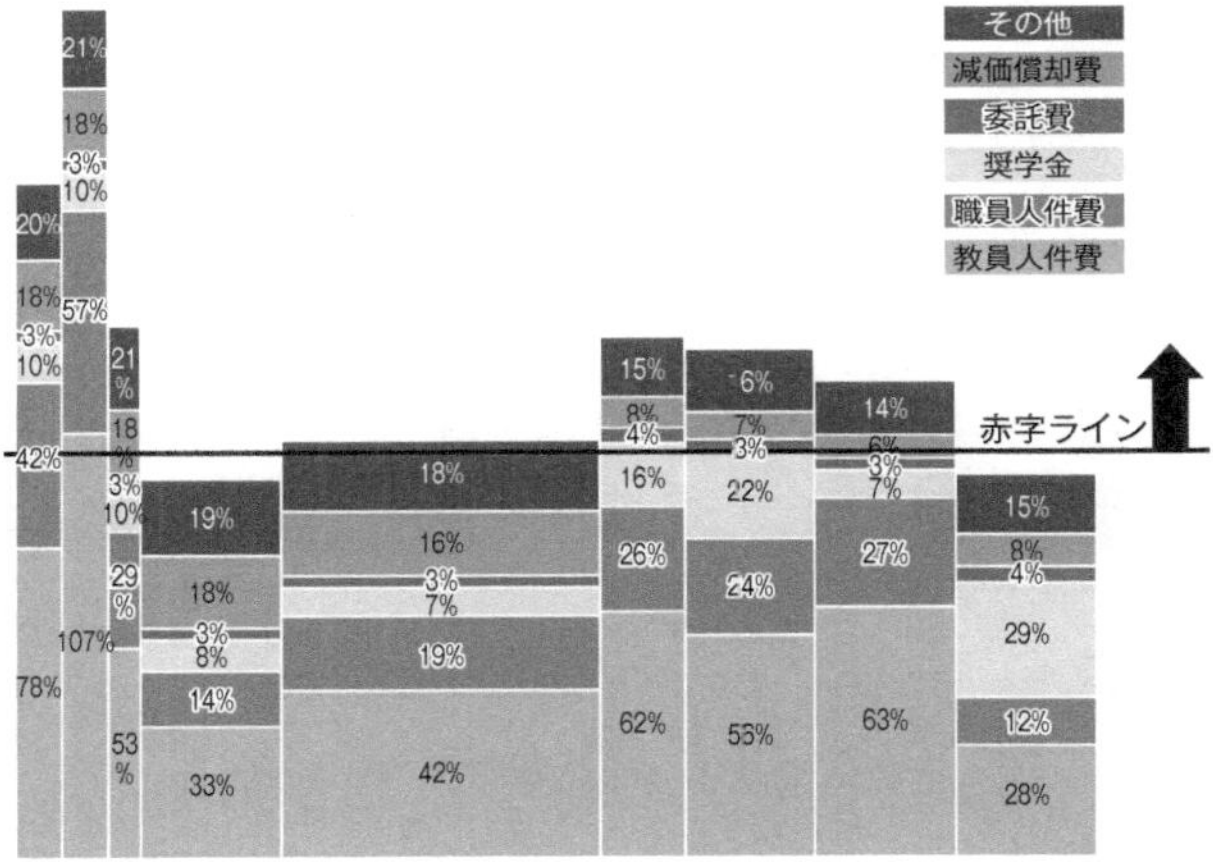

会社と若干違って特殊だから、という受け止め方をして深く確認しきれていないという側面もある。とはいえ、大学側も、学部新設・申請の計画段階では収支構造は試算しているはずで、「当初試算では黒字化できるはずだったのに……」とあとから慌てることも多いだろう。

なぜこのように赤字体質になってしまうことがあるのか、根本原因の1つには、補助金をもらえるからよしとして、売上が減ったらコストを減らさなければいけない、という当たり前のことが意識されにくいという現状がある。私立大学では、定員充足率50％を切ると補助金がもらえなくなるため、学生数が集まらなくなると大学側では何をするかというと、定員割れを避けるために定員を減らす方向に走りがちだ。そして定員が減るので、当然売上はがくっと減少するが、コスト構造は固定化していて当初のまま、定員減の調整をするたびに赤字が増えていくという構造になる。多くの私立大学で定員割れが横行している昨今の状況下では、このケースは非常に多い。

学校法人で有効な改善施策

多くの地域で学生数に対して大学数過多の厳しい環境下ではあるが、オペレーション改善余地はいろいろとある。優秀な教職員をいかに適切な報酬額で雇用していくか、固定費の変動費化を意識したうえでの教職員の契約形態・人数見直し、共有化。そして、学部カリキュラム設計、オープンキャンパスから実際の出願・入学に至るまでのCVR分析を踏まえた効率的な生徒募集アプローチなどだ。

大学ビジネスは、相応の資金をかけてハード施設キャパシティを整え、そのキャパシティをいかにして生徒で埋めるか、稼働率を高めるか、ある種の箱ものビジネスの性質を持っており、定期的な改修投資や耐震工事などで多額な設備投資が必要となる。

校舎の建設や設備の充実は自己資金を蓄積して賄うのが理想ではあるが、ローカル地域では、過度に外部からの借入資金に依存せざるをえない財務状況に不安のある学校法人も散見される。財務健全化の観点では、収益力を高めることもさることながら、資産売却、キャッシュ創出施策も含めて考えなくてはならない。

地域の将来を考えたうえでの選択と捨象を

図表24を参照していただきたいのだが、日本の18歳人口は、団塊ジュニアの多くが高校を卒業した1992年の205万人をピークに減少を続け、2013年には123万人の水準にまで落ち込んでいる。

2018年には、近年横ばい状態にある18歳人口が再び減少する「淘汰の時代」となり、全国で1000人規模の大学が100校も潰れるといわれている。これが大学関係者の間で懸念されているいわゆる「2018年問題」だ。2014年時点ですでに約4割の私立大学が「定員割れ」の状態といわれていたが、2018年以降は経営難に見舞われる大学がさらに増加すると予測されている。

おそらく、ローカル地域の私立大学の「集約化」は避けては通れない。今から手を打ち始めるべき問題だ。というのも、この問題によって、事業運営者である学校法人だけでな

図表24　日本の18歳人口推移（1988年～ 2022年）

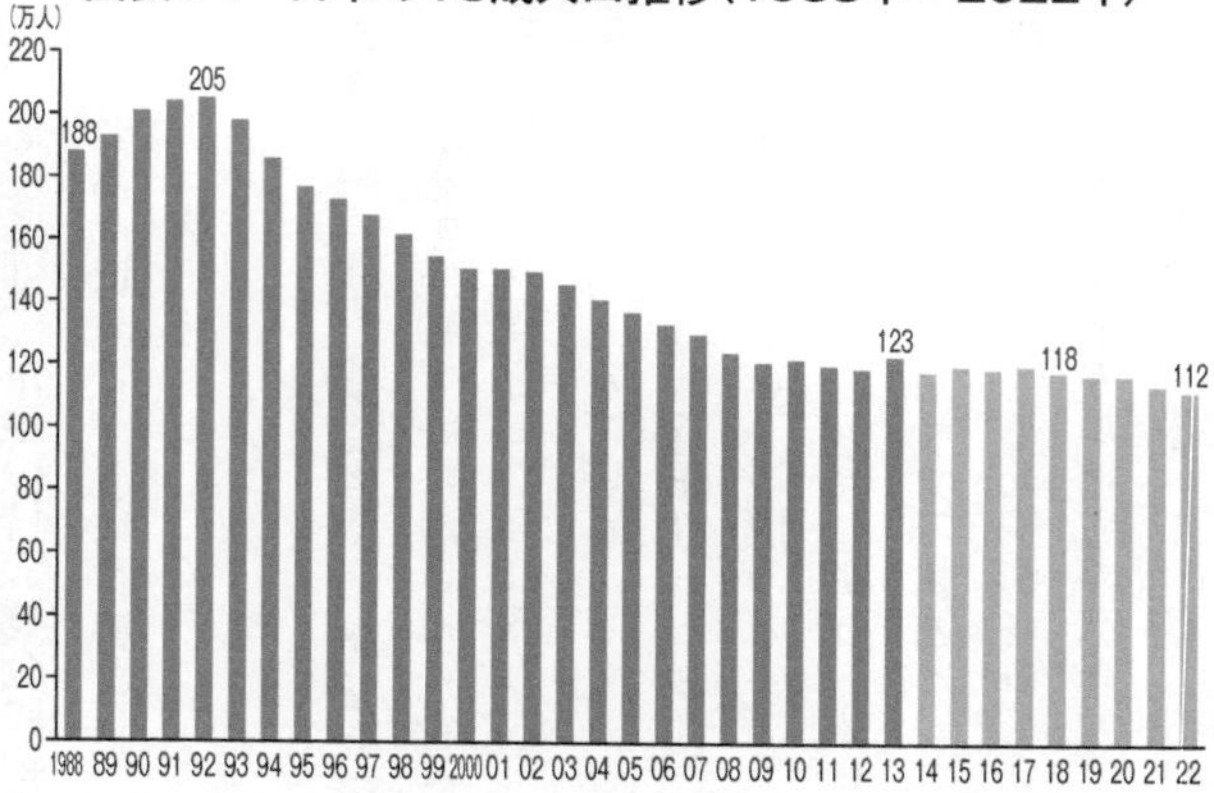

注：1. 文部科学省は18歳人口を各年の3年前の中学校卒業者数（中等学校前期課程修了者含む）で算出している
　　2. 2014年以降は予測
文部科学省「文部科学統計要覧」、「学校基本調査」、国立社会保障・人口問題研究所「日本の将来推計人口」をもとにIGPI作成

図表25　日本の大学数推移（1955年～2014年）

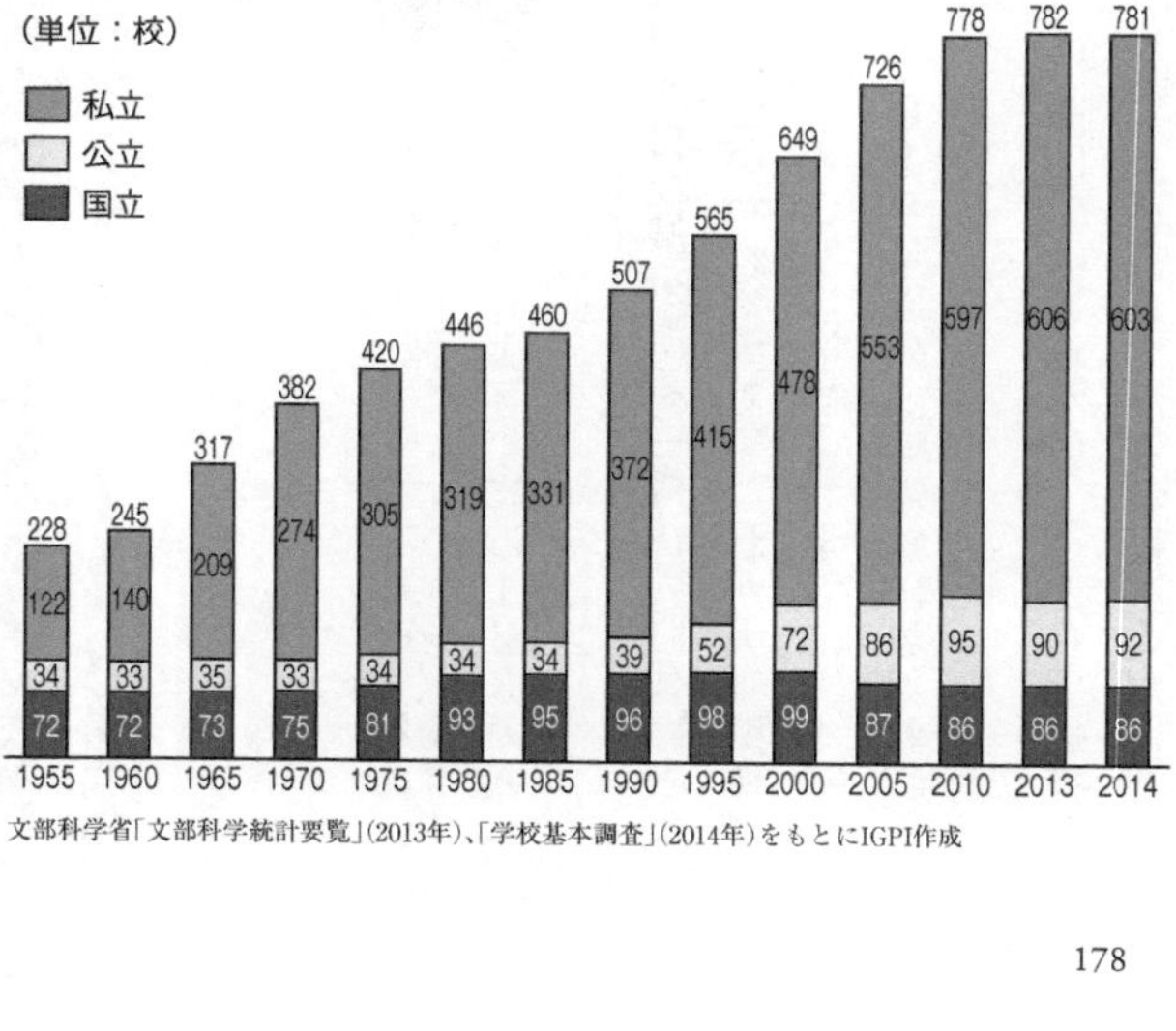

文部科学省「文部科学統計要覧」（2013年）、「学校基本調査」（2014年）をもとにIGPI作成

く、未来ある地域の若者・子どもたちも翻弄されてしまうからだ。学校法人はとくに、収益が悪化し、教員の質やレベルが保てなくなり、資金繰りがそう続かないことを知りつつ、ギリギリまで学生募集を続けた挙げ句、ある日突然経営破綻という事態は絶対に避けなければならない。

地域の18歳人口動態、進路希望予測（２０XX年：県外流出○名、県内△学部希望○名、△学部希望○名、専門学校○名……）を踏まえたときに、どういった大学・学部がいくつ必要になるのか、今の段階からきめ細かなシミュレーションを行なって、多すぎる学部・学科、逆に不足している学部・学科を見極める。そして最終的に、どの大学・学部をいくつ残すべきなのか、今のうちからデザインしたうえで調整を行ない、うまく統合・集約する道を早期に模索していくことも考えなければならない。場合によっては、国として受け皿やスムーズな退出を導くための補助金なども必要になってくるかもしれないが、いずれにしても、地域の全体の将来を考え、しっかりと目利きをしたうえでの選択と捨象が必要になってくる。

⑱ 2025年問題を視野に入れたうえでの「医療・介護サービス業」の改革

同じくローカル経済圏で欠かせないサービス産業の1つである医療・介護サービス業の領域もまた、学校法人同様、その公共性の高さゆえ、国の掲げる指針によって大きく影響を受ける事業である。医療体制に関しては、団塊の世代が75歳（後期高齢者）に到達する2025年を見据えた変革が計画されており、昨今、2025年モデル実現に向けた動きが本格化しつつある。それゆえ、ローカル地域で医療・介護サービス業を営む事業者も、その動向を念頭に置いたうえで、種々の取り組みを進めていく必要がある。

一般企業同様の数値管理・マネジメントの意識を

ローカル地域の医療・介護サービス業は、全国から顧客が集まってくるような一部の大学病院を除いて、顧客のほとんどが近隣地域に居住する住民で、地域性は非常に高い事業だ。

図表26の病院の損益構造を見てわかるように、病院の収益の柱は入院収入と外来収入で、その患者数×単価で成り立っている。費用項目で最も大きな比率を占めるのは、職員給与であり、付加価値の厚いタイプの事業といえる。

一般企業と同じように、いかにして患者数を増やし、単価を上げ、売上をアップさせるか、労働生産性を高め、人件費率をコントロールしていくか——そういった意識を持って改善の取り組みが実施できるかどうかで、収益力に差がついてくる。

医療分野は閉じた特殊な世界という向きがあり、管理・マネジメント面に課題を抱えているローカル地域の医療法人は相当数存在するだろうが、そう難しいことではなく、まず一般企業で当たり前に意識されている採算管理から始めるだけでも十分変わってくる。

図表26　病院の損益構造

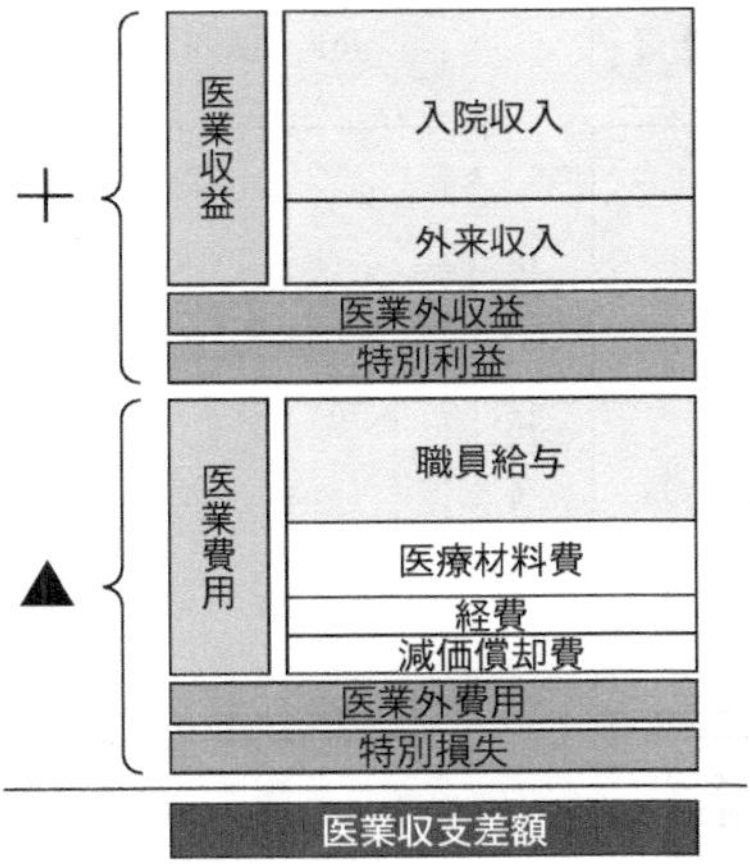

図表27　ローカル病院の事業特性分類

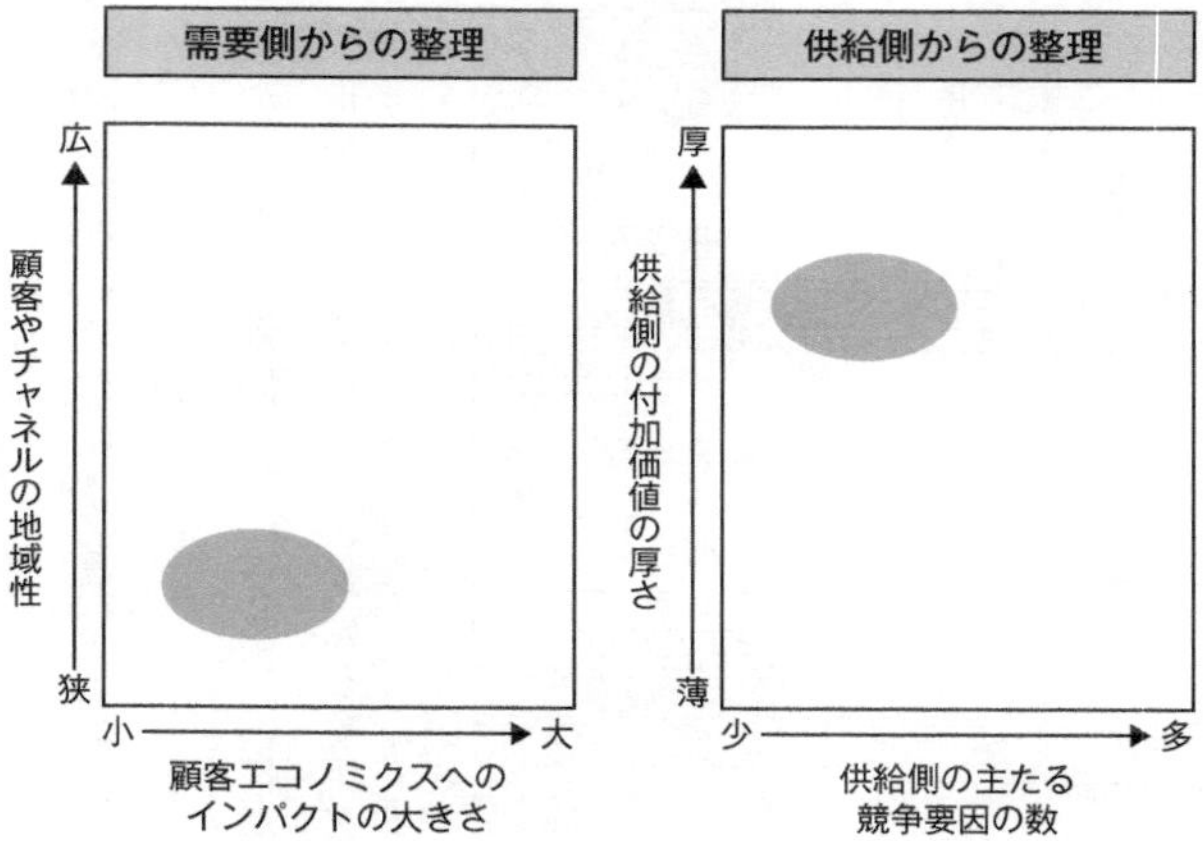

医療分野で有効な改善施策

医療分野においても、目標意識を持ってオペレーション改善の取り組みを実施すれば、確実に効果は上がってくる。病院の費用の二大要素はスタッフの人件費と医療材料費なので、この2つのコスト削減はとくに意識すべきポイントだ。

まず、人件費に関して、必要看護師数はこの売上（医療点数）ならこの配置人数が必要というような規定があるが、看護師・コメディカルスタッフ等のシフト管理の精緻化、正職員・季節／時間勤務パート職員の構成最適化など、稼働状況をきめ細かく管理していけば、効率化の余地は相応にある。

また、医師に関しては、いかに妥当かつ適切な水準でよい先生を招聘するかが、コスト面のみならず、病院の評判・集客面でもキーポイントとなる。

さらに、最適なアウトカム管理、クリニカルパス（治療、検査、ケア、処置、指導等について、その実施内容や順序を入力したスケジュール表のこと）設計など数値データで実態を捉えたうえで、ＰＤＣＡサイクルをきちんと回していけるかどうかも重要な要素だ。出身大学の流儀などにより、複数医師の間で、治療プロセスに若干の違いが生じることもあるので、そういった部分をうまく統一・標準化できれば、医療材料費（使用薬剤、使用量等）の低減にも寄与する。

それから、病院の医療の質を上げ、評判をよくして患者数の増加を図りつつ、労働生産性向上、コスト低減を実現していくという観点では、「医療スタッフの機能の絞り込みや最適化」が有効な打ち手となる。

たとえば、コストの高い外科医であれば、医師しかできない手術に専念してもらう体制を作り、手術の腕を上げてもらうほうが、労働生産性も高まる。結果、評判になれば、患者数も増えることになる。医師の専門性を高めつつ、看護師やコメディカルスタッフ、事務職など、さまざまな職種のスタッフが連携してチームアプローチをとることができれば、効率化が期待できる。

日本では、病床数200床未満の病院であっても、複数の診療科を標榜している病院が数多く存在している。そのため、地域内で競合関係が生じ、非効率を招いてしまっていることが少なくない。それぞれの病院の保有設備・得意分野を見極めたうえで、診療科、役割の絞り込みを図り、専門特化するという考え方も重要である。

現在は多くの病院が、地域医療連携室等を設けて、それぞれの地域の医療機関との連携を目的とした活動を行ない、自院への紹介患者確保や病床回転数の向上に努めているが、我々が携わったケースで見ると、診療科目や医療サービスにより専門性を持った病院のほうが、クリニックとの連携に加えて、大学病院や近隣の他病院ともうまく機能分担をして、急性期と回復期の病院の連携等が図れている傾向が強い。

地域医療ネットワーク連携の必要性

もちろん、それぞれの医療法人内での改善の取り組みだけでも、きちんとやりきれば効果はあるが、医療・介護分野においては、とくに他の医療機関とうまく連携し、ネットワークを構築できるか否かで効率性が大きく変わってくる。

医療分野は地域性が高いので、全国各地に病院を展開することが、業務効率の面で必ずしもプラスには働かない。それよりも、特定地域の中で、クリニック、病院、介護施設、給食サービス施設等、複数の機関がうまく連携分担して、地域特化で医療・介護サービスを提供していくほうが効率化につながっていく。

そしてそれが、１つの経営の意思決定の枠組みの中で実現できるような事業モデルを構築できれば、効果はより大きなものになってくる。ネットワーク化した複数機関で、配送、現場スタッフの人員配置のやりくりなどを共有化できたほうが密度の経済性の効果がより効いてくるし、医療材料の共同購買、管理間接部門などの人員・コスト共有といったコスト削減も可能になる。近隣病院で同じような医療設備を重複して持つことを回避できれば、投資抑制につながり、財務面も安定する。このように単なる連携を超えての共有化が進めば、個別の医療機関の取り組みでは到達できない一歩進んだ効率化が期待できるようになるのだ。

将来的な役割変革の必要性を踏まえたうえでの対応を

医療分野においては、２０２５年に向けた議論の中で、需給ギャップを踏まえ、病床機能再編が打ち出されている。全体として、2025年モデルでの病床転換イメージ（図表28）にあるように、急性期病床数が圧倒的に多いワイングラス構造を是正し、亜急性期、長期療養、そして訪問診療・在宅療養とも連携した地域に密着した病床を増やすという変革の絵姿が描かれている。

図表29の各地域の医療・介護分野キャパシティ将来予測をご参照いただきたいのだが、ローカル地域に関しては、将来的に供給過多になると見られている地域も多く存在する。大きな変革の動きの中で、近い将来、これまで担ってきた役割の見直しや集約化を迫られる病院も数多く出てくると予想される。

これからはとくに将来的なポートフォリオ見直しを念頭に置いたうえで、地域の中での自院の役割を見直し、今後、より求められるであろう分野に対応できる人材の確保や育成、保有設備のコントロール等、準備対応に努めていくことが求められる。

これまで日本は全体として設備投資過多の傾向が強かったこともあり、とくに、今現在は高度急性期・一般病床で、将来役割の見直しが避けられないと思う病院においては、将来的に不良資産を抱えることがないよう、新規投資は相当慎重に考えるべきである。

図表28　2025年モデルでの病床転換イメージ

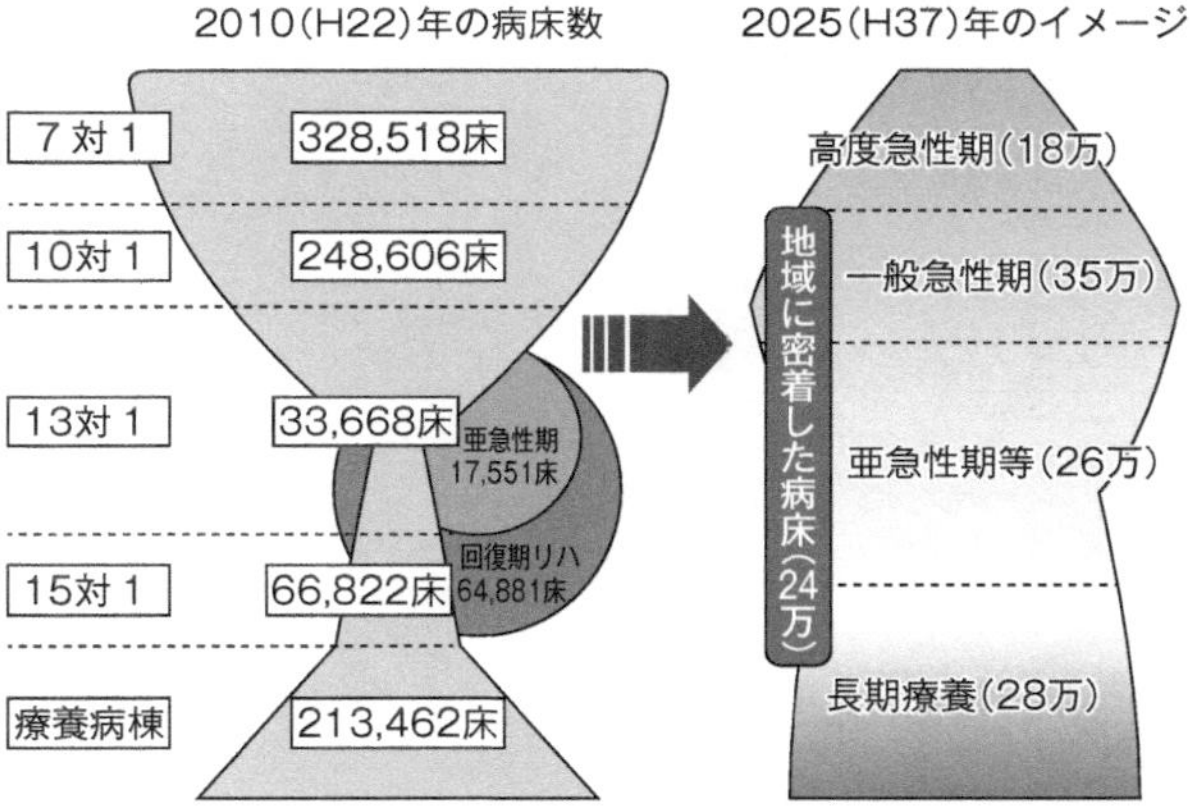

出所:「ダイヤモンド・オンライン」2014年1月20日記事資料

図表29　各地域の医療・介護分野キャパシティ将来予測

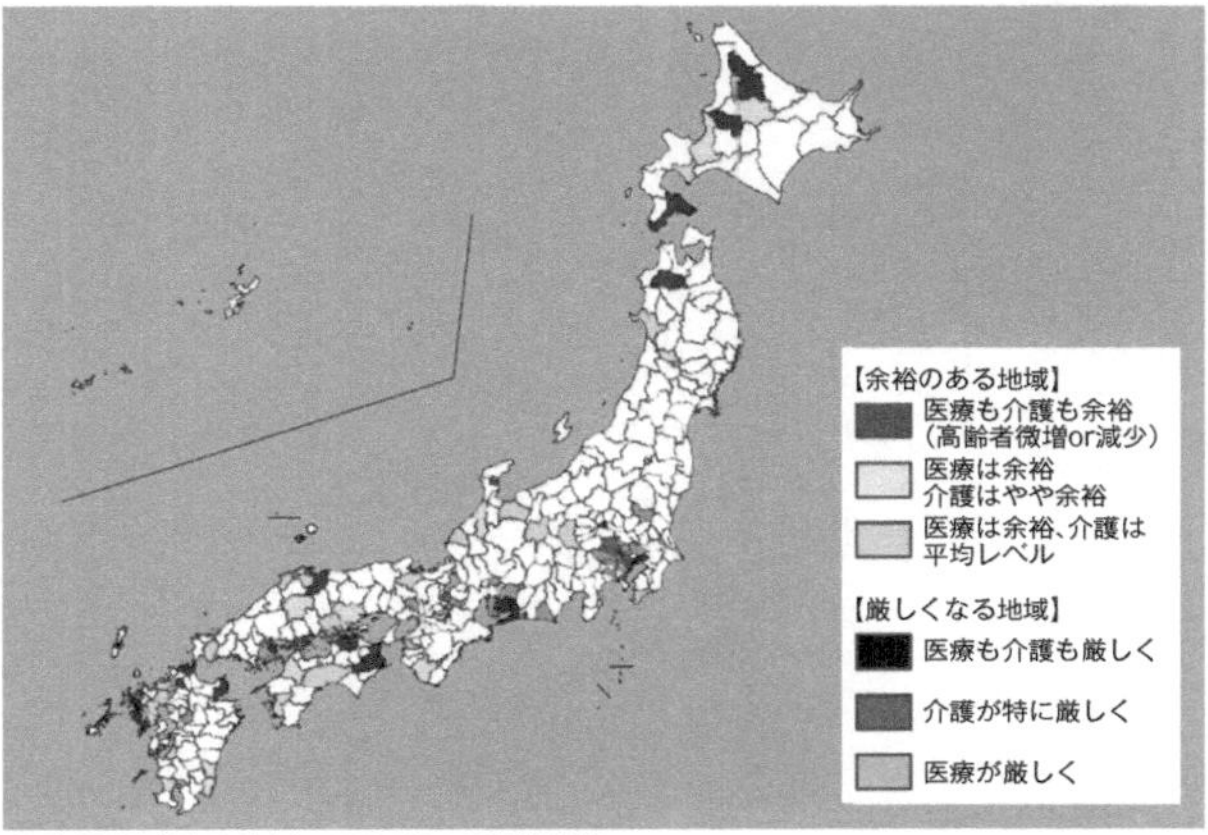

出所:財務省制度分科会(2013年10月16日開催)資料

第5章

ダメになる地域企業の死に至る病

⑲ 2代目・3代目経営者が陥りがちな「いつも腹が据わらない」病

経営が悪化する理由にはさまざまなものがある。本業以外で失敗した、過剰投資をした、市場の読みを誤ったなど、それぞれの企業に異なった要因が存在する。

その中で最大公約数的な共通項を見出すのは難しいが、経営者が適切なリーダーシップを発揮できなかった、適切な意思判断をできなかったというような「経営者の問題」、または「それに準ずる経営陣の問題」が経営の悪化要因になることは多い。

この章では、独裁オーナーのケース、2代目・3代目のケース等々を含め、ダメになるローカル企業が陥っている病、その兆候についてご紹介したい。

「その場を取り繕ってうやむやにする八方美人」病

ローカル経済圏に属する企業の多くは、非上場かつオーナー系の中小・中堅企業である。すなわち、オーナー一族で過半の株式を所有し、経営トップも代々世襲というのが典型的なタイプだ。我々がお手伝いする地域の再生企業もほとんどがオーナー系企業である。その中でも、これまでたくさんお付き合いしてきたのが、名門一族の2代目・3代目だ。彼らは人間的に非常にいい人が多く、友人付き合いするのには最高な方ばかりだ。ただ、「経営者としてどうか？」と問われた際、一番不足していると感じるのは意思決定力だ。

《2代目社長と管理本部長の会話》

管理本部長「社長、これが今の当社の資金繰りです。このまま返済を継続すると、当社の資金は3カ月後にはショートします。ここは、銀行にお願いして返済を猶予していただきましょう。株主への配当も当然、無配です。また従業員にも、申し訳ないですが今年の賞与ゼロは避けられないと思います」

2代目社長「そうだな。そうしよう。ここは踏ん張りどきだ。皆さんに誠意を持ってお願いしよう」

《2代目社長と銀行支店長の会話》

銀行支店長「社長、返済猶予の件ですが、会社の現状はわかりますが、これをやってしまうと、当行として新規の融資もできなくなりますし、貴社の自由度も失われてしまいますよ。場合によっては社長にも一定の責任を取ってもらうことになるかもしれません」

2代目社長「そうですか……。わかりました。お借りしたお金は約束どおりお返しするのが筋ですよね。当社がきついのは間違いないですが、なんとかがんばります」

《2代目社長と主要株主であるオーナー一族の会話》

一族の株主「社長、今年は配当もらえるんですよね？　一族のおじい様、おばあ様の中には配当で生活していらっしゃる方もいるんです。社長は会社のトップでもあり、一族の総領なんだから、そのあたりも責任を持ってもらわないと。お父様はこれまで長いこと、その責務は果たされました。よろしくお願いしますよ」

2代目社長「わかりました。そのあたりは父からもよく釘を刺されていますので、配当できるようにがんばります」

《2代目社長と従業員の会話》

従業員「社長、従業員の中にはボーナスを前提に住宅ローンを組んでいる人間も多いんです。ボーナスゼロでは彼らの生活が……」

2代目社長「そうだよな……。従業員は皆がんばっている。経営責任は俺にある。俺の責任でボーナスは皆に払えるようにがんばるよ」

結局、ぐるっと回って……。

《2代目社長と管理本部長の会話》

管理本部長「社長、銀行にも株主にも従業員にもいい顔をしたいのはわかりますが、そんなお金どこにあるんですか？　どんどん追い込まれていきますよ。エエかっこしいだけでは会社が潰れますよ……」

2代目社長「それは俺もわかっているんだが……。そういえば地元から夏祭りの寄付も頼まれていたな……」

管理本部長「社長……。そんな張りぼてみたいな発言をあっちこっちでして……」

我々はさまざまな会社の経営改善、立て直しのお手伝いをしているが、一番困るのは、その場その場を表面的に取り繕おうとする、ええかっこしいタイプの経営者だ。とくに2代目・3代目の経営者の場合、生まれも育ちもよいせいか、人当たりもよく、なんでもソツなくこなそうとする。平時はそれでもいい。むしろそのほうが会社はうまく回るのかもしれない。

ただ、経営が厳しいときは、体面ばかり気にしていられない。銀行、従業員、取引先と厳しい交渉をしなければならないとき、軋轢《あつれき》が生じてしまうときが必ずくる。片方を立てれば、もう片方には無理を強いることとなる、そんな状況だ。

そのようなときに、船頭である社長が八方美人を演じると、船のオールをあっちこっちに意味なく漕いでしまうことになり、行きたい方向に正しく進むことができない。

ただ、この手のことは、経営者の性格というか、DNAに依存する部分もあり、一朝一夕に変えるのは難しい（創業オーナーは逆で、一匹オオカミよろしく、ご自身で意思決定し、前にズンズンと進んでいく。むしろ進みすぎないようブレーキ役が必要なくらいなのだが……）。

もし、自分がその手のことが苦手で、かつ性格を変えるのが容易でないと感じるのであれば、せめて周囲を固める参謀の置き方には気を配ったほうがいい。厳しい意思決定をする際に生まれてくる多くの外圧・プレッシャーを少しでも緩和し、経営者本人がぶれないように叱咤激励してくれる存在。ある種のボディーガード役というか、助さん角さん的な役割を担ってくれる参謀だ。そういう参謀を横に置き、経営チームとして難局を乗り切るのも1つのやり方だ。

いずれにせよ、八方美人では経営の難局は乗り切れない。乗り切るには、経営者、経営チームにはある意味、多少人から嫌われるくらいの覚悟、清濁併せ飲むくらいの覚悟が必要だ。

「経営者が自分の発言を部下に書かせる＝自分で語れない」病

最近の経営者は自分の言葉は自分で書き、自分で語ることができる。優良企業の経営者はとくにそうだ。自分の言葉で株主、社員に訴えかけ、納得させることができる。

他方で、そうでない企業、たとえば経営破綻した企業の責任者たる経営者の多くは自分の言葉で語ることができない。

経営者は社員、債権者、株主等々、さまざまな相手に対して自分の考え、会社の戦略・方針を話していかなければならない。よい話をするときもあれば、つらい話、いいにくい話をしなければならないときもある。よい話をするときはいい、みなニコニコ聞いているだけだ。

ただ、そうでない話をするとき、たとえば、金融機関に返済猶予のお願いをする場合、金融機関にとってはネガティブな話だ。その際、自分の言葉で語り、今後の再建計画と金融機関への依頼をしゃべれる経営者とそうでない経営者では、説得力がまったく違う。当然のことながら金融機関の心証も大きく異なる。アナウンサーのように上手に話せといっているのではない。上手に話すことよりも、強い思いであったり、再生に対する覚悟が伝わることのほうが大事だ。社員が作った台本をもとに、いくらペラペラ立て板に水のようにしゃべったところで、思いが伝わるわけがない。

《ある銀行での会話》

銀行の会議室の席に着くなり、社長は背広の胸ポケットから紙を出し、読み上げる。

社長「このたび、弊社は事業環境の急激な変化に伴う、業績の低迷により……（以下5

分ほどセリフを読み上げる)。結果的に大変遺憾ではありますが、貴行に返済の猶予をお願いすることとなり、申し訳なく思っているところでございます。これをよい機会と捉え弊社としては抜本的な構造改革を実施……(以下3分ほどセリフの続きを読み上げある)。ぜひご協力をお願いしたいと思っております。ご挨拶文、以上」

銀行支店長「(少し眠くなりながら)了解しました。弊行としても真摯に検討させていただきます」

《社長帰社後》

銀行支店長「あの社長、セリフを棒読みしてたよな。最後の『ご挨拶文、以上』って、思わず台本の末文を読んじゃった感じだよな、笑いそうになるのをこらえちゃったよ」

銀行担当者「そうですね……。なんかあの社長、他人事みたいな感じですよ。あの社長が経営を続けて大丈夫ですかね?　本当に支援して大丈夫でしょうか……」

銀行支店長「うん、長々と話していたけど、何ひとつ内容を思い出せない。全然響かなかったよ。本気で再生しようと思っているのかな……」

こういったセリフを部下に書かせるようなタイプの社長は、その後、何か問題が発生したときも責任逃れをしようとする。「あれは君たちが決めた方針だろう」「君があのセリフを書いたんだろう、私はそれを言ったまでだ」等々、周りに失敗の要因を押しつけようとする。

自分のセリフを自分で考えられないのは、決意が不足しているからだ。それは責任を少しでも軽減させたい気持ちの表れともいえる。もし、本気で会社のことを考えているなら、武骨でもいいので自分の言葉で、相手に伝えるべきだ。聞く側も、部下が書いたセリフを読み上げる経営者がいたなら注意が必要だ。

「『引き続き検討しましょう』が口癖」病

我々はこれまで、多種多様な企業の会議にたくさん出てきたが、ダメな企業に共通する会議の特徴がある。それは、「引き続き検討しましょう」が口癖となってしまっている会議だ。この言葉は、会議のすわりというか、締め言葉にはなんとなく都合がいいからやっかいだ。

《ある企業の会話（事業計画の策定に関して）》

担当者「事業計画に関しては赫々云々《かっかく》で、このあたりが論点および課題になるかと思います。とくに不採算事業Aの撤退・売却に関しては、ご決断が必要です」

社長「なるほど、管理本部長、どう思うかね？」

管理本部長「A事業の売却に伴い、大きな損が出ますね。これは対金融機関、株主にも説明が必要ですし、引き続き純資産の毀損に対する議論が必要ですね。そのうえでご判断されるのがよろしいかと思います」

社長「なるほど、そうだな。引き続き検討しよう」

管理本部長「承知しました」

《会議終了後》

担当者「社長と管理本部長の会話、半年前から同じじゃないか！　毎度毎度、『引き続き検討しよう』『承知しました』の繰り返し、2人の息の合った会議の締めは一体なんなんだ。見ていて恥ずかしいよ」

部下「そうですよね。ややこしい話は先送りしたいんだと思いますが、なんかお手盛り感満載ですね……」

融資先、出資先の会議に参加したとき、「引き続き検討しましょう」が口癖の会社には、注意が必要だ。参加の際には、お手盛り感満載の状況に流されないようにしていただきたい。

⑳ 力の衰えたオーナーが陥りがちな「俺はジャイアン」病

「経営者がバッドニュースを何も知らない裸の王様」病

朝令暮改タイプのオーナーは多い。それ自体は否定するものではない。外部環境に合わせて行動が変化するのは当然のことだからだ。そしてオーナーは、一代で会社を築いたという強い自負を持っている方が多く、バイタリティもリーダーシップも旺盛だ。

ただ、オーナーの高齢化等に伴い、数値に対する理解、感度が衰え、合理的かつ正しい判断ができなくなることはよくあることだ。担当者がオーナーのために一生懸命資料を作り、説明しているのだが、それがまったく理解されず、四苦八苦する場面に遭遇した読者も多いのではないだろうか。

とくにバッドニュースを伝える際の担当者は大変だ。いくら報告をしても、その問題の善後策を一緒に考えるというより、オーナーが一方的に担当者を叱りつける、もしくはそのニュース自体を聞き流す、聞きたくないといった態度をとることがある。それでは、いくら意識の高い担当者でも心が折れてしまう。

《ある企業の会話》

管理本部長「オーナー、こちらの資料を見ていただけますでしょうか。今の足元の市況を受け、当社の売上は減少、売価も下がっております。このままいきますと、当社の資金は半年後に尽きる可能性が高く、純資産の毀損もさらに大きくなる見込みです。その前に、当社の赤字事業であるA事業は撤退する必要があり……」

オーナー社長「君、君！　本社の人間は、そうやってすぐ数値をこねくり回す。こんな数値を見ても一向にわからんよ。だいたい、A事業は、創業のときから長年取り組んでいる大事な事業じゃないか。A事業から撤退するなど、これまでこの事業を支援していただいたお客様のことを考えたらできるわけないよ」

管理本部長「お気持ちはわかりますが、今の資金繰りを見ますと危険です。早期に……」

オーナー社長「君、君！　もうその話はいいよ。それよりもA事業に関するもっと前向きな案を持ってきたまえ」

半年後……。

管理本部長「オーナー、ついに弊社の資金も底を尽きかけ……。やはりA事業の存続が足を引っ張っております。A事業を維持継続するために、この半年で10億円超のお金をつぎ込む必要があり……」

オーナー社長「なぜ、A事業を放置し続けたのだ！　だいたい、わしはA事業の状況も、資金繰りのことも何も聞いていない。これは君たち管理本部の怠慢だ！」

会議退散後、管理本部長はつぶやく……。

管理本部長「あのオーナーもうダメだ……。沈みゆく船にいつまでも乗っていられないな……、嫁になんて話そうかな……、実家に帰ろうかな」

この会話を読んで「そんな大げさな」と思う読者の方もいるだろう。ただ、再生の現場では「オーナーに時間をかけて、何度も説明しているのに……」と思うことが少なくない。

「バッドニュースが共有されない」――。これはオーナー系企業が陥りやすい病の1つだ。いい情報を聞いて経営者が喜ぶのは当たり前だ。そもそもよい状況であれば、経営者は何もする必要がない。経営者が誰よりも早く知らなければいけないのは、バッドニュースなのだ。

オーナーを怒らせない、ご機嫌を第一に考える。社員の意識がそこに向かっている企業は危険だ。オーナーが来る前の日だけ、一生懸命、お店を掃除するといった笑えない状況をこれまで何度も見かけたが、それが発展すると数値の操作、粉飾へとつながりかねない。実際に我々が見た企業の中にも、社長へ少しでもよい数値を報告したいという思いだけで粉飾をしていた経理担当者がいた。別にそれで賞与を得たいとか、昇進をしたいとかいうのではなく、ただ単に怒られたくない、ご機嫌を損ねたくないという程度のインセンティブでそのような行為を行なっているのだ。

バッドニュースについては一切知らされていない、もしくは忘れている一方、よい話はよく知っている経営者は多い。我々が再生企業に入り、少しヒアリングすると、現場からは、「実は資金繰りが厳しい……」「売上が……」「クレームが……」「銀行からの借入が……」といったバッドニュースが次から次に出てくるにもかかわらずだ。

　こういうとき、「わしは何も知らされていなかった。部下たちからの報告がなかった」と強い被害者意識を持つオーナーがいるが、そういうバッドニュースを吸い上げる仕組み、環境を作らなかったオーナーにも責任がある。

　最初から「裸の王様」のオーナーはいない。「裸の王様」の物語を読んで、フムフムこれは自分のことだなどと思う人はいるわけがない。ただ、会社が成長し、周りからも成功者として称賛され、自分を担ぐ神輿《みこし》ができあがってくると、厳しい意見をいう人が煩わしくなり、結果的に「イエスマン」に神輿を担がせるようになる。

　このような場合、教科書的には株主もしくは社外取締役が牽制役となるのだろうが、地方の中堅企業の場合、多くは「株主＝創業者」もしくは「一族、社外取締役＝親族」といったケースが多い。地域金融機関も長年の取引経緯とオーナーへの過度な気遣いが邪魔をし、何かあっても物を申せないことが多い。

「裸の王様」になりたくなければ、きっちり進言する部下、幹部を周りに置く、もしくはメインバンクと緊張感ある良好な関係を築く。耳に痛いことは多いかもしれないが、裸で歩き続けるよりはずいぶんといいはずだ。

「青い鳥は都会にいると思い込んでいる」病

フランスに伝わる「青い鳥」の物語をご存じの方も多いだろう。２人兄妹のチルチルとミチルが、夢の中で過去や未来の国へ、幸福の象徴である青い鳥を探しに行くが、結局のところそれは自分たちに最も身近な鳥籠の中にあったという話だ。

これと同じように、さまざまな会社の経営者とお話をすると、いまだに青い鳥は都会にいると思い込んでいる人がいる。東京に店を出したい、東京に進出したい等々、東京や都会の市場の大きさに魅了される経営者が今も少なからずいるのだ。その目標自体は、否定されるべきではないが、ただ本当に進出するのであれば、その事業性、収益性はきっちり検証しなくてはならない。それがなくては会社の土台を崩しかねない問題に発展してしまうことになる。

ここから、我々が遭遇した具体例をご紹介する。

【事例】会社の成り立ちとこれまでの経緯

A社は某地域エリアを中心に展開している大手スーパーチェーンだ。創業オーナーが戦

図表30　A社の事業実績の推移

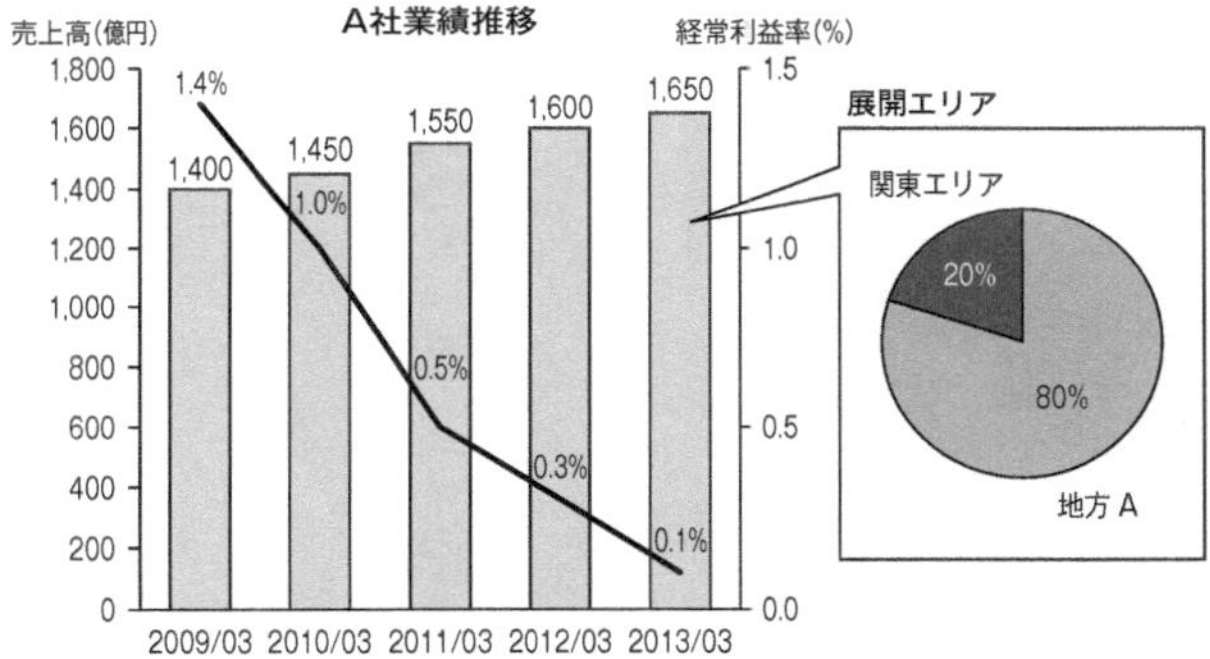

	2009/03	2010/03	2011/03	2012/03	2013/03
有利子負債(億円)	300	310	330	380	410
店舗数	60店	62店	65店	70店	74店

後間もなく食料品店を開き、その後、数十年の間に店舗拡大などにより、売上数百億円まで拡大してきた。食品、アパレル、雑貨等、幅広い品揃えの中、地元の人々の買い物の場として、長く愛されてきた。

ただ、このエリアも、他エリア同様、購買層の人口減や大型小売、ショッピングモールの流入等の影響を受け、各店舗の売上、利益は下降傾向だ。そのような行き詰まり傾向の中、数年前にオーナーは関東、とくに東京、横浜近辺に新たな市場を求め、新規出店を決断した。出店資金については、会社立ち上げ時代から長く付き合いがあり、メイン銀行でもあるBC地銀が新たに融資を行なった。

しかし、その後、関東への新規出店は、厳

しい競争環境のもと、ことごとく失敗し、会社の業績はさらに下降。重い借金だけが残ることになってしまった。

《BC銀行内での融資部長と担当者の会話》

融資部長「このA社だけど、最近、業績がずいぶん厳しいね。店舗と借金は増えているのに、収益率は下がっているじゃないか？　この傾向は関東エリアの出店から始まっているようだが……」

担当者「オーナーはこの関東展開は絶対うまくいく。それが我々の生き残りの道だと自信を持っておっしゃっていたので……。BS上も資産超過ですし、赤字ではなかったため、融資した次第です」

融資部長「うーん。しかし、これは結果的に大失敗だったじゃないか？　たしかに、A社と当行は二人三脚で歩んできた。オーナーに新規融資を頼まれれば、これまでの付き合いの深さを考えれば融資するのもわかる。ただ、この借金の重さは……。そもそも関東で勝負するというオーナーの考えに対して銀行としてきっちり、検証、意見を述べたのか？これは貸す側にも責任があるぞ」

図表31　営業利益率と売上の伸び率の比較

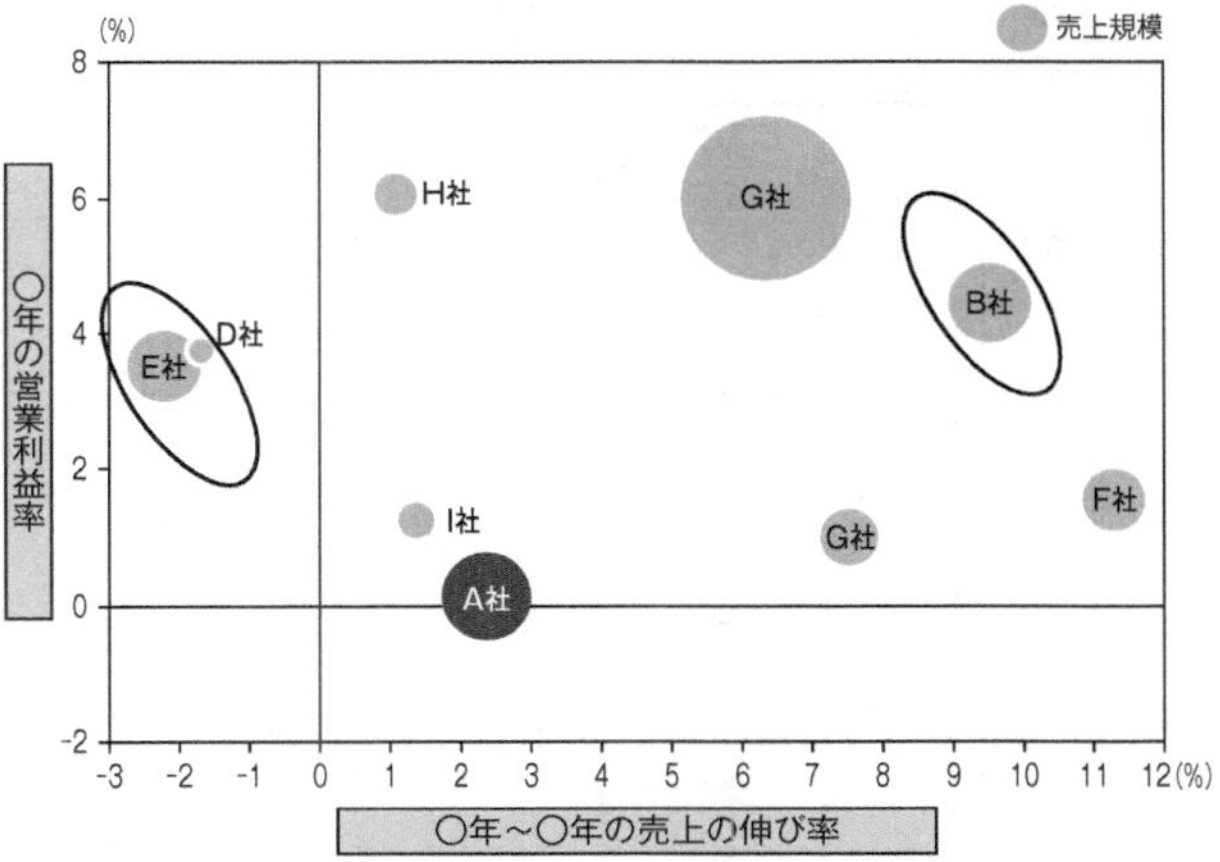

図表31の縦軸は営業利益率、横軸は売上の伸び率を表している。この図表を見ていただくとわかるとおり、同じ業界内でも収益率の差は激しく、勝ち組、負け組はクリアになっている。A社と売上規模がほぼ同じ、E社とB社はA社に比べて営業利益が4％程度高い。店舗数もほぼ同じ程度だ。

ではなぜ、このような差が生まれたのだろうか？　E社・B社とA社の戦略の違いを見てみよう。

図表32を見て気づくのは次の2つのポイントだ。

1つ目は、B社とE社は展開しているエリアを絞っているということ。B社であれば○地域、E社であれば△地域と、自分たちのリ

図表32　戦略に表れた２つのポイント

基本情報		売上構成		店舗	戦略		
企業名	営業利益率	地域	品目	店舗数	PB	物流拠点	その他
A社	0.1%	A地域 B地域 関東	食品30% 日用品・医薬品40% 家電10% アパレル20%	74店舗	10%	A地域 関東	●出店戦略を郊外大型店から都市部小売店中心にシフト
B社	5%	関西 100%	食品90% 雑貨等10%	90店舗	30%	D地域	●集客のためPBに注力
E社	4%	関西 100%	食品80% 生活関連20%	25店舗	20%	E地域	●大手小売とフランチャイズ契約により、ドラッグ部門において仕入の一元化

ソースを特定エリアに集中投下している。その結果、同エリア内で物流等を効率化、いわゆるドミナント戦略を実現している。

もう1つのポイントは、品目の構成だ。B社は地元の名産品目を含め食品が中心となっている。E社は、マツモトキヨシと提携し、PB製品の開発にも力を入れている。

中堅規模の小売店の一番の課題は、大規模チェーンとどう差別化を図るかということだ。そのときに、B社、E社のような取り組みにより大手に負けない高収益を上げている企業も存在する。

《BC銀行内での融資部長と担当者の会話》

融資部長「関東展開は戦略的にあまり有効

な手ではなかったようだな」

担当者「たしかに、配送面だけ見ても、明らかに非効率ですね。本来は、やみくもな拡大戦略をとるよりも、自分たちの店のエッジをより効かせる方向、より付加価値を上げる方向に注力したほうが会社の収益性、生産性は上がったといまさらながら思います」

融資部長「うーん。たしかに、中途半端な拡大は大手チェーンの二番煎じになりがちだ。二番煎じの店では、お客さんも離れていくのがわかるな……。こう考えると、本来すべき当たり前の指摘を我々ができていなかったということが悔やまれる。オーナーの過度な拡大志向は我々もわかっていたし、そこに対するリスクも感じていた。オーナーの性格を考えれば、他の社員がそのような意見をいうのは難しかったのだろう。となると、耳の痛い話をオーナーに直言できるのは、メインバンクである我々だけであるし、本来そうすべきだったんだ」

融資や投資をする入り口のタイミングでこういう議論をするのは当然で、そのときに適切な判断ができれば問題ない。ただ、入り口で判断ミスをしたとしても、その後適切なモニタリングをすることにより、傷を最低限に抑えることも可能だ。

小売であれば、店舗の採算性の状況や人件費の状況、投資回収期間の状況などいくつか主要な指標を見るだけで、多くのことがわかる。本事例でいえば、関東に出店した最初の店舗の状況をきっちりモニタリングしていれば、2店舗以降の店舗展開を再考することも可能であっただろうし、それ以上の無駄な投資を避けることで傷が深まるのを防げたはずだ。

「『俺の成功は俺のもの、お前の成功も俺のもの』と考えるジャイアン」病

オーナー、経営者もしくは経営幹部層の中には、悪い流れのときに逃げ足も早いが、事態が好転しだすと、戻ってくるのが誰よりも早い人がいる。この手のタイプは、成功という成功はすべて自分の手柄、実績にしたいと考えている。自分の成功はもちろんのこと、部下の成功の横取りも、お手のものだ。そこに恥じらい、謙虚さ、周りへの敬意などというものは存在しない。

以前、お手伝いしたことのある某企業で、長年不採算であった○×という事業が存在していた。その事業は古参の役員（取締役）が管轄していたのだが、あまりの苦戦ぶりに社長が業を煮やし、ある部長を助っ人として、その事業の立て直しのサポートに送り込ん

だ。

《社長、取締役、部長の会話》

社長「君も知っているとおり、○×事業は長年赤字の状況だ。君を助っ人として送り込むので何とかしてくれないか」

取締役「僕からも頼む。ここ数年、私もさまざまなことにチャレンジしたがこのあり様だ。私のこれまでの取り組み含めて、悪いところはドンドン見直ししてくれ」

部長「わかりました。とても困難な話だと思いますが、全力を尽くします」

それから、1年間、部長は文字どおり思い切った構造改革を実施し、○×事業の膿を徹底的に取り出し、業績回復の目途が立ってきた。その矢先、部長は取締役に呼び出された。

取締役「ここまでよくがんばってくれた。君も、もともとの仕事があるだろう。そろそろ本業に戻り、○×事業は私に任せてくれ」

部長「ここまでやってきて、今戻るのですか……」

《取締役会》

取締役「この1年、私の強いリーダーシップ、そして背水の陣の覚悟のもと、○×事業は構造改革を進め……」

他の役員「部下にやらせておいて、自分がやったような顔してるよ……」

こんな話あるわけないと思われる方もいると思うが、我々のようにいろいろな企業のお手伝いをしていると、こういった厚顔無恥な方に遭遇することがある。ある種、その神経の太さに尊敬すら覚えてしまうが、こんな上司のもとで働いている部下は大変だ。自分の手柄・実績に胡坐をかいている上司ほど、困ることはない。モチベーション維持も大変だ。

「派手好き、見栄っ張り、有名人大好き」病

ちなみに、この手のジャイアンは政治家や有名タレントが大好きだ。不思議なことに、好きな著名人は今の旬ではなく、一昔前の旬から外れたタレントや政治家であることが多い。「なぜいまさら？」と思うことも少なくないが、そのあたりからしてすでにセンスがズレているのかもしれない。もしくは、ジャイアンの下手な歌を「うまいうまい」といってくれる人、それがそこそこ著名な方であれば、それだけでうれしいのかもしれない。

「政治家の○○さんは昔から懇意にしていて、何かあったらお願いできるよ」

「タレントの○○さんは、昔からうちの製品のファンだから、イベントにはすぐ呼べるよ」

等々、地方企業に行くと、こんなセリフに遭遇することがある。

今さらタレントの○○がイベントに来たからといって、どのような効果があるのかと思わなくもないが、全面的に否定する話ではない。ただ、有名人・政治家と懇意＝会社の価値と捉えているような感性には違和感を持つ。

また、企業を再生する際、こんなことをいう社長がいる。

「私にそんなことをすると政治家の○○さんが黙ってないよ」

銀行主導、裁判所主導で会社を再建しなくてはならないとき、通常経営者は隅に追いやられ、責任を取らされる。そのときに政治家に相談し、その流れを止めようとする人がいるが、結局、「黙ってないからなんなのだ」とスルーされ、実際それが効果的だった例を聞いたことがない。政治家も頼まれればとりあえず抗議はするが、それも形だけだ。

㉑ 恐怖〜緊張〜萎縮〜太鼓持ち、「独裁経営の死に至る」病

「沈黙は金なり？」病

居心地の悪い会議とはどのようなものだろうか。

たとえば、会議自体は社長から幹部を中心に10人以上参加しているが、社長以外、誰も言葉を発しない。もっというと誰も反応しない会議。社長以外は下を向き、視線は目の前の資料、皆ができる限り気配を消そうとしている。そういった会議に遭遇すると報告するこちら側も嫌な汗をかいてしまうが、何かしらの緊張感が会議の場を支配し、沈黙を作り出す、そんな会議を頻繁にやっている会社は、何か組織の問題を抱えているに違いない。

《ある企業の会議》

コンサルタント「御社の業務プロセスはこういった問題を抱えており、この領域に関し

てはＩＴ化を進めることにより、年間20％のコスト削減の可能性があり……」

プロジェクト事務局長「報告ありがとうございます。ＩＴ投資について皆さんのご意見をいただけますでしょうか？」

他会議参加者15名「……」

（沈黙すること2分）

オーナー社長「まあいいんじゃない。進めれば」

プロジェクト事務局長「了解しました。ではそういうことで。本会議は解散」

会議における沈黙は金ではない。過度な沈黙の背景には組織内に何らかの緊張感・恐怖感があることが多い。たいていは、オーナー経営者からの過度な抑圧、恐怖、呪縛等だ。普段はあれほどしゃべる人が、なぜオーナーの前になると蛇ににらまれた蛙のようになるのか……。オーナーの前で発言しても、どうせ聞き入られない、そんな諦めもあるのかもしれない。いずれにしろ、活発な議論がない会社の未来はゴールドではない。

「幹部層と若手で世代の断層が生まれている」病

経営が悪化したオーナー系の会社を見ると、組織が2つの階層に分かれていることに気づく。

オーナーに向かって仕事をしている上層部とそれを冷ややかに見ている若手層だ。上層部はある種、オーナー色に染まっている。長い仕事人生の中で、オーナーに服従するスタイルに慣れているし、そのことによって出世してきた。オーナーが黒といえば、黒だし、白といえば、白と考えることが当たり前だと思い、そこに居心地のよささえ感じている。

一方、若手はそこまで染まっていない。オーナーが衰えだしてから入社してきた世代であればなおのこと、そこまでの思い入れもない。なぜ、上層部はオーナーに対してそこまでイエスマンなのか？　なぜ自分で判断しないのか？　そんな思いをもとに上層部を冷ややかに見ていることが多い。

《ある企業の会話》
若手営業担当「この受注の値段おかしくないですか？　これだとうちの会社は限界利益がギリギリで、粗利レベルで大赤字ですよ。こんな商売していてうちの会社は大丈夫なんですか？」

営業本部長「いやいや、それは僕もそう思うんだけどさ。この会社のオーナーとうちのオーナーは昔からの知り合いで、ここは特別価格でいけというオーナーの指示なんだよな」

若手営業担当「特別価格って、そんなボランティアみたいなことしていいんですか？最低限の利益が出る価格で受注すべきですよ。そうじゃないと、この受注のためにがんばっている生産の現場や営業の担当者の努力が報われないですよ。だいたい、この間も特別価格だといって、ディスカウントしたばかりじゃないですか……。それなのに今年のボーナスも減らされて。こんなんじゃ、住宅ローンのボーナス返済ができないですよ。オーナーはでっかい家持っているからいいんでしょうけど」

営業本部長「まあ、そういうなよ。そうはいってもオーナーの決断は変えられないし、オーナーあってのうちの会社じゃないか。だいたい、そんなことといって、オーナーに嫌われたらどうするんだよ。俺の覚えを悪くするようなことはしないでくれよな」

若手営業担当「そんなにオーナーが大事なんですか……」

若い層は、上層部の能力や仕事の姿勢に対して根深い不信感を抱いていることが多い。

率直にいえば、オーナーに媚を売って偉くなった人たちくらいにしか見ていないことすらある。

一方で、上層部は、若手からそういった不信感を持たれていることに気づいていない。なぜなら、彼らの目線は上にしか向いていないからだ。

この世代間の断絶は深刻だ。ある種、自動車の前輪と後輪が別の回転をしているような状況だからだ。そんな状況で車が前に進むわけがない。

我々がお手伝いしている企業で早期退職をする際に、いの一番に手を挙げるのはこの若手層だ。「こんなオーナーのもとではやっていられないよ」「こんな上司のもとではやっていけない」と感じながら会社を去っていく。

逆に、マネジメントのチェンジが発生した際に、一番活気づき、やる気を出すのもこの層だ。オーナー経営の副作用として生まれる、この世代間の断層は深刻だ。きっちり埋めておかないと、取り返しのつかないことになる。

ここまで、いくつか代表的なローカル企業の、とくにマネジメントに関わる死に至る病を紹介させていただいた。もしご自身もしくはご自分の企業を振り返り、いくつか当てはまる事項があったら、ぜひ改善を試みていただければと思う。

もちろん、明日から突然、部下に対してニコニコ愛想よくなってほしいということではないが、いくつかの病は、日常的なちょっとした心がけで十分治癒可能だ。会社のカルチャー、雰囲気、部下の行動・モチベーション等は経営者の言動に影響を受けている。それは、経営者、経営陣の皆さんが思っている以上にだ。もし、ご自身の会社をよりよくしていきたい、再生を本気で達成したいということであれば、病の自力自療をしていただければと思う。

逆に、自分にはこの病は治せない、治すつもりがないのであれば、経営の座から降りる、もしくは廃業する道を選ぶのも1つの選択肢だ。そのほうが従業員、会社、地域経済にもプラスに働く。

第6章

金融機関とどのように付き合うか?

㉒ 金融機関取引における勘違い（銀行取引あるある）

1990年代のバブル崩壊過程、2000年代のリーマンショックといった「失われた20年」において、金融機関も不良債権の処理、保有する株式等の有価証券評価損失の処理に追われ、いわば「金融戦時体制」だった。この時代には、雑誌で「危ない銀行ワースト○○」といった煽動的な特集記事が定期的に組まれ、自己資本比率や不良債権比率といった資産の健全性が、金融機関評価の絶対的な指標と思われていた。

しかし、ローカル企業にとって、自己資本比率が高く、不良債権比率が低い金融機関がよい金融機関なのだろうか。

もちろん、メインバンクがある日突然経営破綻すれば、借りているローカル企業にとっても少なからず影響はある。しかし、地域によってバラつきはあるものの、底なしのデフレ状態を脱却しつつある今、事業再生のステージになぞらえれば、日本経済、金融環境が、バランスシート調整による集中再生期間から、ローカル経済の稼ぐ力、競争力を徹底強化し、ＰＬのトップラインを持ち上げていくフェーズに移っている中、財務的に安全性、安定性が高いことだけが、銀行を測るバロメーターとして適切だろうか。

金融行政も大きく転換し、事業性評価を推進しているのは、こうした時代の流れに沿ったものだ。グローバルプレーヤーとして世界の金融機関としのぎを削る片手で数えられるマネーセンターバンクを除けば、零コンマ何％の自己資本比率の優劣にこだわることはナンセンス。それより、ローカル経済の構造転換にどれだけ貢献できているかが、優良な金融機関か否かを判断する尺度とされるべきフェーズに入ったといえる。

地元のローカル企業の事業経済性、市場、競合などを慎重に検討し、将来の絵をともに描くために、時にはローカル企業のオーナーに耳の痛い話もしながら、取引先とコミュニケーションを重ねる金融機関が「強い銀行ベスト○○」として評価される時代が到来しているのだ。

さて、このような金融新時代において、みなさんの会社では、銀行（信用金庫）とどう付き合っているだろうか。「〝メインバンク〟なんて20世紀の遺物。銀行なんてどこでも同じ」とお考えだろうか。あるいは、「デリバティブだの投資信託だの、次から次へと付き合わないといけないから面倒だ」と感じているだろうか。

ぜひ、次のことを自問自答していただきたい。その銀行は、みなさんの会社にとって、ほんとうによき相談相手だろうか。言い換えれば、心底、あなたの会社を心配し、寄り添い、親身に考えてくれる銀行を選んで付き合っているだろうか。決算期のたびに、財布の中身ともいえる決算書を提出し、事業を説明するのだから、そのコストに見合ったよいアドバイスが得られなければもったいない。

銀行ともったいない付き合い方をしている会社が多すぎる。ぜひこの機会に銀行との付き合い方を見直していただければと思う。会社経営には、順風のときも逆風のときもある。会社が我慢の局面を迎えたとき、銀行のひどい仕打ちに対して「倍返しだ！」と叫んでも遅い。

大手「○○銀行」の手形がカッコいい？

「手形や小切手の支払銀行は会社にとってのステイタス。やっぱりメガバンクか地元の大手銀行でないと信用に関わる。地元の大手銀行は、信用保証協会の保証付きでしか貸してくれないものの、手形はここで決済しないとなあ」

大都市圏で商売をしている企業では、営業マンが新規取引先開拓をするのに会社案内を持って自社のPRをしないといけない。このとき、「我が社は、大手Xデパートにも口座を持っております」とか、「大手自動車メーカーY社とは30年来のお付き合いがあります」というのが、信用を勝ち取るための常套句。

それと同じように、会社案内の取引銀行には、借入の有無にかかわらず、メガバンクから順次口座のある大手銀行を並べているケースをよく見かける。

しかし、これを聞いた相手は、自分の取引のあるメガバンクに信用照会をするかもしれない。聞かれた銀行はもちろん建前上、守秘義務契約があるから、取引内容等を話すことはできないが、当座預金のみの取引先であれば、〝預金だけのお付き合いなので、中身はわかりません〟といったニュアンスを醸し出す可能性は十分にありうる。そうすると、相手先は、かえって「この会社のPRは信用できないな」といった判断をすることだろう。

そもそも、ローカル企業が、地元で取引先開拓に出かけるとき、どの銀行と付き合っているかは重要だろうか？

狭い地方経済圏では、商売上の付き合いがなくとも、歴史のあるローカル企業であれば、「あそこの社長のAさんは2代目だけど、堅実にいい商売されている」とか、「Bさんのところは、福岡にも販売していて商売は順調らしい」といった噂は大体広まっている。開拓の相手企業が、こうした噂を知らなくても、商工会議所の知り合いなどに、「C社って知ってる?」と聞けば、こうした情報をただちに教えてくれるだろう。このように地元経済圏では、付き合っている銀行を確認したうえで、信用状態を判断されることは少ない。本業さえ堅実にやっていれば、気にする必要はないと言い切っていいだろう。

また、販売先からの振込指定銀行をどこにするかについてあれこれ考えている企業も多い。結論からいえば、貸出取引もない大手銀行を、見栄で指定しても、よいことはあまりない。最近では売掛債権担保融資といった貸出の仕組みもあるが、これは長年同じ販売先から売掛回収金の入金があって初めて、どの程度の枠を設定できるか検討してもらえるものであり、融資取引もない銀行でせっせと実績を積んでも、いざというときに役に立たない。

金利さえ安ければ、銀行なんてどこでも同じ?

「ウチは優良企業、銀行なんてどこも同じ。最近は1%を切る金利で、あちこちの銀行が〝借りてくれ〟といってくる。そのときどき、安いところで借り換えている」といった取引スタイルは、一見経済合理性に適っているように見える。

でも、金利勝負で入れ替わり立ち替わり現れる銀行員が、本当にあなたの会社を、ローカル企業の事業性を、正しく理解してくれるだろうか。

ローカル企業の再生のお手伝いをしていると、その会社が羽振りのよかった頃に、次から次へと新たな銀行と取引を開始し、気がついたら借入過多に陥っているケースに出合うことが少なくない。

「メインバンクはどこでしょう？　今後の返済猶予（あるいは、ニューマネーの借入）はどこと相談すればよいでしょう？」と聞いても、メインがはっきりしないケースや、借入残高の多い銀行が、窮境をまったく把握しておらず、「当行は騙されて貸出に応じただけ、メインバンクとして支援を求められるのは筋違い」と揉めるケースも多い。

このようなことにならないように、取引金融機関の中で、あなたの会社をよく理解し、よい相談相手となる銀行を、会社規模によって1～3行程度、メインバンクあるいは主力銀行団として決めておくことをおすすめする。

仕返しが恐ろしいので一行取引？

「D銀行は地元の有力行。ほかの銀行もいろいろ提案を持ってきてくれるが、D行のOBが外郭団体やうちの販売先にもたくさん転籍している。もし、他行と取引を始めて、怒りを買ったら、OBに手を回して取引先との商売も切られるかもしれない。だから、他行の提案は魅力的だけど、D銀行と一行取引を続けるしかない」

地元有力行と取引している場合、こんな心配をしている経営者の方も少なくない。不安になる気持ちはわからないでもないが、これだけコンプライアンス（法令遵守）の重要性が官民共々問われている時代である。銀行取引での恨み辛みを、直接何の関係もない公共事業や、民間の商談で意趣返しすれば、それこそ大きなスキャンダルになる。

私の知る限り、ローカル経済圏で地元有力行のOBとして、銀行を卒業して公的セクターや民間企業で活躍されている方々は、みなさんが思う以上に公平に仕事をしている。地元や現在の勤務先のためになることであれば、出身行と違う銀行の提案でも耳を傾けるというスタンスでがんばっている方が多数派だというのが我々の実感である。

資材の購買、原材料の仕入であれば、相見積もりを取るのが普通だ。同じように、銀行取引も、金利、手数料の水準だけでなく、経営アドバイス等のサービス面も含めて一定の競争関係を保っておくことが必要なのだ。

また、一行取引からは脱却しても、次のようなことにはなっていないだろうか。

「ウチは創業50年、昔からの付き合いで、信用保証協会保証と不動産はメインバンクにすべて担保として入れている。その他の銀行からは無担保で借りられる範囲で付き合っているので枠が小さく、業容拡大に合わせて取引銀行数が増えて管理が面倒だ……」

ローカル企業の長い経緯の中で、メインバンクとの一行取引が長く、すべての資産、保証協会の枠がメインバンクに入っていて、後発の取引銀行からは、信用貸しの範囲内で少しずつしか借りられない一方、メインバンクの担保には、だいぶ空枠もあるというケースが結構ある。担保の空枠を解除してくれというと角が立ちそうでなかなか頼めずそのままにしているということだろう。

ただ、メインバンクが担保で債権全額をカバーしていて、あとは多数の銀行からちょこちょこ借りているといった取引形態のケースで、ローカル企業が苦境に陥ったとき、メインバンクは担保処分を迫り、債権全額回収することを優先し、あとはリーダーシップを発揮する銀行もなく、そのまま廃業へと突き進むという事例もある。

そのような事態を避ける意味でも、角は立つかもしれないが、業績が順調なときにこそ、空担保はきちんと解除してもらい、メインバンクから準メインバンクと順に、担保付きと信用貸しのバランスに気をつけて借入しておくことが必要だろう。

長年の付き合いだから大丈夫？

「地元E銀行とは、オヤジの代から30年来の付き合い。ウチのことはなんでも理解してくれていると思っていた。それなのに、毎年の季節資金を借りようとしたら、もっと早くいえだの、試算表を出せだの、資金使途はなんだとかうるさい」

長年の付き合いだから、会社のことを理解してくれているというのは、間違っていない。そのとおりだ。銀行組織全体としての「理解度」という意味では、かつての支店長が常務になっていたり、担当者が本部の部長になっていたりと、あなたの会社との過去の取引経緯をよく知る人が、組織内に何人もいるのだから。

しかし、企業は生き物である。過去の経緯は過去のものにすぎない。そのときの担当者は、当時あなたの会社の羽振りがよかったので、よくしてくれただけかもしれない。そのよき時代を引きずり、業績が悪化し、担保の枠がいっぱいになってから、今の銀行担当者と話して「埒があかん」と、銀行の上の人間を訪ねても、「お話はわかりました。私も話はしておきますが、いかんせん、担当ラインではないのでご期待に沿えるかどうかはわかりません」という答えが精いっぱいだろう。

あまりに頻繁に担当者が変わりすぎる銀行も考えものだが、ある程度のサイクルで銀行の担当窓口は変わる。あなたの会社の業績が順調だとしても、借入申し込みを受けて、銀行内の稟議書を書くのは、あくまでそのときの担当者だ。彼、彼女があなたの会社をよく理解し、銀行組織内の稟議手続きを回すのに十分な時間がなければ、取り返しのつかないことになる可能性すらある。

「ウチのことはなんでもわかっているはずだし、ウチはそこそこ業績も順調だから」とタカをくくってギリギリに借入の話をすると、「枠がいっぱいなので」などという話になりかねない。早め早めにメインから順に、調達計画について相談して、反応を確かめながら話を進めるというのが鉄則だろう。

この変化形に「頭取とは○○高校の同級生、だからあの銀行はウチのことは理解してくれているはず」というのがある。ローカル企業と地元銀行の関係ではよくある話だが、これも注意しないといけない。あなたの会社の借入申し込みを受けて稟議書を書くのは頭取ではない。だいたい、銀行という大組織で、頭取などといった偉い人が、営業現場の担当者に、「この会社の社長は私の同級生で、昔から人間的にも慕われていて……」などと丁寧に説明してくれることはない（もちろん部下である支店長が慮《おもんぱか》って、気を回すことはあるだろうが）。

後述するとおり、銀行という組織は二重三重にチェックアンドバランスがかかったガバナンス構造となっており、〝天の声〟で融資が決まるというのは、およそドラマの中のおとぎ話にすぎない。実際そんなことがあれば、後々背任容疑で役員逮捕となりかねない。まず窓口である支店の支店長以下担当者に、きちんと会社の事業性や今回の資金使途を理解させるということなしには、話が始まらないということを肝に銘じていただければと思う。

細かなことを口うるさくいうから、他行から借りる？

「親父から引き継いだ会社を大きくしたい。地元では成長にも限界がある。大消費地である東京に進出して一勝負しようという思いはメインバンクの支店長にもこれまでずっと話してきたはず……。ところが、今度来た担当課長は〝事業性評価〟が云々、あるいは、我が社の事業は〝密度の経済〟だからどうのこうのとうるさい。そして、慎重に検討すべきというばかりで、地元の企業が全国へはばたくのを応援しようという気概がないのか！親父の代からの付き合いだから声をかけてやったのに、腹が立つからほかの銀行から借りよう」

ローカル企業の経営者として、成長意欲を強く持つこと自体はよいことだ。しかし、東京、大阪への進出、中国への輸出といった販売先拡大路線が、あなたの会社の事業性にマッチしているかどうかは別問題。あなたの会社が地元で成功できた要因（勝ちパターン）が、大都市圏、海外という競争の激しい地域でそのまま通用する保証はない。身の丈を超えた県外投資が会社の体力を削ぎ、やがて命取りにならないという保証はない。

もちろんリスクがあるからとやみくもに反対をするだけのメインバンクであれば、取り合う必要はないだろうが、きちんとあなたの会社の事業性評価に基づき、あるいは大都市圏での同業者の勝ちパターンを研究したうえで、意見されているのであれば、真摯に議論してみてはいかがだろうか。

銀行よりも業界に詳しいのは、当然のことながら、ローカル企業の経営者であろうから、メインバンクの見立てが違うというのであれば、きちんと説得すればよい。ただし、ディスカッションの過程で、リスクの所在を再認識し、万が一うまくいかなかったときの撤退戦のプランも含めて練っておくことが、リスクを最小化することにつながるだろう。

また、業績の厳しいローカル企業のパターンでは、こんなことはないだろうか。

「この数年売上減少が続いていて、今期は赤字転落の見通しだ。去年の決算説明でも、メインバンクが、売上減少の要因とか経費カットとか言い出して面倒くさい目にあった。借入申し込みをすると、月次の試算表を見て、ごちゃごちゃいわれそうだ。ちょうどいい、何も知らない県外銀行が、日銀の成長資金とやらで、1％以下の低金利でどうかといってきている。あっちから借りてしまおう」

かくして、赤字資金をこっちの銀行、あっちの銀行からちょっとずつつまみ、取引銀行数がどんどん増えていくというのも、業績不振の会社ではよくあるケースだ。

忙しい会社経営者にとって、メインバンクから経営改善計画の策定を要求されるというのは、たしかに面倒くさい。しかし、小姑のように小うるさいと思う銀行ほど、親身にあなたの会社の将来を心配してくれていることも多い（もちろん、回収一辺倒の銀行は論外だが）。

業績が低下傾向のほど、メインバンクや主力銀行団とよく相談し、目先の資金繰りを回すこともさることながら、中長期的な経営改善計画を練っていくことが必要だ。我々の経験でも、表面上の決算数字を取り繕いながら、赤字資金を多数の銀行からつまみ、債務過多でリストラ資金も出せない状態になってから経営再建のご相談を受けることは少なくない。「こうなる前、せめて3年前に相談を受けて、早めに手を打っていたら……」という例は数えきれない。

メインバンクの経営改善要求に耳を傾けつつ、足元の資金繰りと構造改革資金を支えてもらいながら、早め早めに改善の手を打っていくことが、ローカル企業の経営の持続性を維持するために不可欠だろう。

銀行からOBを受け入れているからウチは安泰？

「うちには地元有力行から代々支店長OBを管理部長として受け入れている。まあ、生え抜きの部下たちは、陰で元銀行さんはあれこれ指示はするけど、自分は何にも仕事をしていないと文句をいっているが、これもいざというときメインバンクから円滑に借入するための保険みたいなもの。辛抱してもらわないと仕方ない」

もちろん銀行出身の管理部長がいれば、銀行の意思決定のメカニズムや、銀行が借入申し込みを受けたとき、どんな資料が必要かといったことをよく知っているので、事前に準備できたり、早め早めに相談を持ちかけたり、スムーズに事が運ぶという効果はあるだろう。

しかしながら、我々の経験上、銀行からＯＢを受け入れているから、資金調達は万全といったことはない。むしろＯＢを派遣している銀行が、真っ先に回収一辺倒に動くようなケースもなくはないくらいだ。

だとすると、銀行ＯＢなんて受け入れても意味がないのか。必ずしもそうとはいえない。地元の銀行で切磋琢磨してきた人材を、高度専門人材として受け入れる意味は当然のことながらある。

ただ、受け入れるときに注意しないといけないのは、「銀行出身なら管理に強いだろう」といった思い込みで採用しないということだ。銀行だって営業や審査、本部の企画セクションや管理セクションのどこにいたかによって、身につけてきたスキルや得意不得意はまったく異なる。銀行から斡旋紹介された人材が、どういった経歴の中で、どういった強み・弱みがあるのか、一般の中途採用面接をするのと同じように、しっかりと見極める必要がある。

反対に、人材不足を補おうと銀行に人材派遣を要請するのであれば、どういう職種で、どういうスペックの人材が必要か、具体的にお願いするべきだろう。

また、これは銀行の社風によっても異なるが、支店長経験者（とくに県庁所在地等の大規模店舗の支店長経験者）となると、部下に指示するばかりで、まったく自ら手を動かさない習慣が身についてしまっていることもあるし、逆に本部の部長でも、部下を統率しつつプレイングマネジャー的に自ら動き回らないといけない環境で仕事をしてきた人もいる。ローカル企業で人材不足を補うために、受け入れる人材となれば、監督、指示するだけの管理職では、部下の負担が増すだけだ。人の受け入れをお願いする際は、支店長や課長といった職位にある人が、アゴしか動かせない人か、自ら手足を動かしている人か、といった点に普段から着目することをおすすめする。そうすれば、こうしたミスマッチはずいぶん防げるはずだ。

㉓「銀行」ってどんなところ？

銀行との付き合い方を考えるために、銀行の組織や物事の考え方についてもご説明しておきたい。

銀行はチェックアンドバランス（頭取1人で決められない）

銀行における融資案件の審査は稟議書という書面で行なわれる。書面をもとに会議形式で議論をして結論を出すという形が一般的で、上がってきた書面を穴が開くまで見つめてハンコを押して終わりというものでもない。

ドラマの中では「この案件は頭取決裁だから」といったセリフがあるが、今どきの銀行は、頭取、審査担当役員が個人の裁量で決裁するという形ではなく、取締役会、経営会議、審査会といった会議体で合議決裁するパターンが多い。これは１９９０年代に不良債権問題が顕在化し、いくつかの金融機関が破綻した際、頭取や審査担当役員等が個人的に訴えられた経験を踏まえ、その反省として個人の裁量で決められないようにしたともいえるし、個人で不良債権の責任を負いきれないことから、会議体にしたという面もある。

どちらにしろ、ドラマのように「天の声」一発で融資が決まるといったことは、現在の銀行では基本的にはありえない。

では、会議体にかけられる〝稟議書〟とはどういうものか。これは銀行によりいろいろ作風があるので、一概にはいえないが、

□取引先の沿革、取引の経緯、事業内容（事業性評価を含めて）
□業績の推移と今後の業績見通し（経営再建中であれば、窮境の根本原因とそれを踏まえた経営改善計画）
□資金の使い道（資金使途）とその金額、返済期間の妥当性
□担保、保証等の有無とその妥当性
□借入先企業との取引採算（貸出だけでなく、為替やその他の取引も含む）と貸出金利の妥当性等々

といったことになる。

この書類を作成するのはあくまで担当者である（対象となるローカル企業の規模によっては、課長などの管理職が自ら作成することもあるが……）。したがって、担当者がしっかりと内容を理解し、必要な資料を揃えて提出しない限り、銀行の審査は開始されない。面倒でも、まずは担当者に、きちんと理解してもらえるよう説明する必要がある。

“熱い思い”も数字で説明しないと、審査部門は説得できない

ローカル企業経営者の皆さんには、当然自分の会社、事業への思い入れがあるし、思い切った設備投資をする場合には、会社の成長、あるいは失地の挽回に向けた熱い思いがあるだろう。

そして、その熱い思いを、銀行担当者に理解してほしい、今回の新商品がいかに画期的で、市場を席巻できるものであるかを理解してほしいと考えがちだ。

しかしながら、債権者として資金を出すかどうかを判断する銀行の立場では、熱い思いも、数字になっていないと行内で合意形成できない。

この新商品単体のPL予想はどうなるのか、楽観的なケースだけでなく、リスクケースも想定しているか、リスクケースにおいても、投資回収はある程度の期間内にできるか、あるいは投資が失敗に終わっても、会社に致命的な打撃とならないか……といったことを、数字で説明する必要があるのだ。

なお、こうした数字には必ず根拠を求められる。ローカル企業の経営者と直に会って〝熱い思い〟を聞いた銀行担当者が、なんとなく成功の予感を共有したとしても、銀行へ帰って会議にかける際、多くの人々が検討に参加するため、客観的な根拠が必要だ。それがなければ、銀行内の合意形成もできない。売上予測数字の根拠は何か、投資金額については見積もりを取っているのか、経費削減の具体的中身は何かといったところだ。これがないと、計画は絵に描いた餅だと捉えられてしまうだろう。

担当者は異動する（ウマが合っても合わなくても、次も同じとは限らない）

「前の担当者は本当によく気が利く人で、いろいろ資料を届けてくれたり、我が社のこともよく理解しようとしてくれていた。しかし、後任の担当は、なんだかあまりウチに関心がないようで、訪問もめっきり減った。この際取引銀行を変えてしまおうか……？」

銀行員というのは異動する。お客様であるローカル企業にとっては迷惑な話かもしれないが、銀行員というのは異動することで昇進していく（降格の場合も稀にあるが……）。同じ支店に居続けて、担当から課長に、課長から支店長へと出世魚のように役職が変わるなどということは、普通はない。だから、否が応にも、担当者や支店長の交代は避けられないのだ。

実際、担当が代わったり、支店長が代わったりすると、付き合いの密度が急に変化することがある。このこと自体は、銀行経営側にも考えていただきたい永年の課題でもあるが、その都度取引銀行を代えていると、ローカル企業側の負担もバカにならない。代えた先の銀行も、担当者が代わったら後任がパッとしないため、また銀行を変えないといけないなんてことになりかねないからだ。

こういうことを防ぐには、担当者といかにウマが合って、担当者だけで用が足りたとしても、できる限り、その上席や支店長、あるいは専門本部といったセクションと接点を広げておくに限る。銀行の人事異動で、支店長から担当者まで一気に代わるのは、支店の統廃合を除けば普通はない。後任の担当者があまりにひどくても、苦情をいうと角が立つということであれば、用事がある際、その都度上席者に直接電話したりして、銀行側にそれとなく「担当者が気に入られていないのではないか？」と気がつかせるという裏技もある。だが、担当者という点だけでなく、支店長や本部専門セクションなど担当ラインの線での付き合いに広げておけば、冴えない担当者に振り回されるリスクは減る。

では、支店長も、担当も冴えない場合はどうするか？　どちらかが先に異動するまでは1年から2年の辛抱だが、その間大事な設備投資等のプロジェクトが控えていることもある。だからこそ、〝一行取引〟はやめましょうということだ。あなたの会社の規模にもよるが、コアとなる取引銀行はできれば2つ以上あるほうがよい。

24 ローカル企業が成長していくための銀行との付き合い方

ローカル経済圏において、成長企業とか優良企業といわれるローカル企業には、メガバンクから地銀、信用金庫などが入り乱れて、貸出競争となっている。また、地域密着型金融の名のもとに、ビジネスマッチングや海外進出支援とさまざまなサービスメニューを持ってくる。金融機関同士の競争によって、よりよいサービスが受けられるなら、ローカル企業にとっても悪い話ではないが、「地元の銀行がさんざん提案してくれているので、顔を立てなきゃ」などと義理を感じて乗っかると、必ずしもローカル企業にとってよい結果とならないこともある。

“借りてください”に乗せられる前に……

地元の成長企業として、自治体の表彰を受けたり、地元マスコミに出たりすると、いろいろな金融機関が近寄ってくる。入れ替わり立ち替わり、担当者や支店長、果ては役員が訪ねてきて〝ぜひ当行の資金を使ってください〟と頭を下げられる。

会社の立ち上げから苦労をしてきたローカル企業オーナーにとって、会社の成長とともに、多数の金融機関から〝借りてください〟というラブコールを受けることは、鬱陶しい半面、気分の悪いものではない。1％を切る水準で条件提示されたりすると、「我が社も地元の一流企業の仲間入りかあ」と思ってしまったりもする。

提案を受けていると、〝借りられるうちに〟〝低金利のうちに〟といった気がしてきて、つい新たな銀行の資金をつまんで不要不急の投資を実行してしまう。本業とのシナジーを十分検討しないまま、新規事業の投資を体力以上に打ってしまったり、オペレーションを回せるかという検討が不十分なまま、業容の急拡大に走ったりというケースも少なくない。こうして、地元の成長著しい新興企業のホープが、急激に失速、破綻に瀕する事例もそれなりにあるのだ。

資金調達が極めて容易になることで、その投資は、自社の事業経済性に沿ったものか、身の丈に合っているか（仮に失敗しても、ロスを現状のキャッシュフローで吸収できるか、本業のボラティリティが高い場合、本業が落ち込んだときに有利子負債の増加が致命傷にならないか）、といった冷静な考察ができなくなってしまうのである。

〝借りてください〟のラブコールを送ってくる金融機関は、あなたの会社の事業性を正しく評価しているだろうか。よいときも辛抱のときも、相談に乗ってくれるよきパートナーたり得るだろうかということを見極めないといけない。

うるさい銀行ほど、よき相談相手かもしれない

決算の説明をすると、商品別、地域別に事業の動向を細かく聞いてきたり、会社全体が儲かっているにもかかわらず、事業部門別の収支を出してくれといった詳細資料を要求する金融機関が存在する。

そんなとき、〝何いってんだ、ウチはこんなに儲かっているのに〟とイラッとする気持ちはわからなくもない。ただ、それはあなたの会社を冷静に正しく理解しようという姿勢の表れでもある。会社全体は儲かっていても、不採算な事業分野があれば、その事業は将来性があり継続する価値のある事業なのか？　それとも先行き見込みのない〝問題児〟事業なのか？　第三者としてきちっと評価し指摘してくれることは、経営者にとってもありがたいことだ。そうした金融機関は相談相手としては頼もしいともいえる。

ローカル企業に限らず、事業会社のオーナーの皆さんは、何らかの思い入れを持って、新規事業を立ち上げる。思い入れを持って手がけた事業の1つが、〝問題児〟になっているという不都合な事実からは目を背けたい気持ちはよく理解できるし、当然のことだ。「社長、F事業はなかなか厳しい状況が続いていますね。せっかく他の事業で稼いだキャッシュをF事業の赤字につぎ込んでいる形になっています。ここはひとつ、F事業の抜本的なリストラクチャリングを進めるか、思い切って撤退されてはいかがですか？」などと銀行員にいわれれば、「何を！　金貸しに何がわかる！」と啖呵の1つも切りたくなるのが人情だ。その気持ちはよくわかる。

ただ、そんな意見を冷静にいってくれるのはメインバンクくらいだということも理解すべきだ。ローカル企業のオーナー社長は裸の王様になりがちで、社内の役職員は意見しにくい。多少頭にくることがあっても、冷静に外部の第三者の目線でこうした議論を吹っかけてくる金融機関の存在は、ディスカッションパートナーとして大切にしていただきたい。もちろん、前述のF事業の赤字が、新規事業立ち上げ時の先行投資の償却負担によるもので、これから回復見込みであるとするなら、そう説明すればよい話だ。

そのビジネスマッチングは、自社の戦略にフィットしている?

地域金融機関でも、今やビジネスマッチングを(有料か無料かは別として)サービスとして提供していないところは見当たらないほどになっている。中でも地域金融機関が協力して、地方の産品を東京、大阪、福岡等の大都市圏で紹介する商談会、見本市の類は盛んに行なわれている。

地元の成長企業ともなれば、取引の有無にかかわらず、金融機関から「商談会に参加しませんか?」といった誘いはちょくちょく受けているだろう。

でも、ちょっと待ってほしい。その商談会、販売先の紹介は、あなたの会社の商品戦略、販売戦略に合っているだろうか? 全国区の量販店に納めるとなれば、物流体制も必要だ。あるいはGMSのような大手小売が相手の場合、上代はかなり厳しく、薄利多売を目指さざるをえない。もちろん、県外マーケットでのテストマーケティングをかねて、こうした商談会などを利用することは悪くない。

しかし、売上は上がったが、利益率が落ちた、あるいは、安売りスーパーで取り扱われるようになって、商品が値崩れし、従来から取引のあった地域のスーパーなどのチャネルにまで、低価格で供給しないといけないことになったという、ちぐはぐなマーケティングにならないよう、慎重に販売先は選ばないといけない。

また、たとえば、加工食品を東京などの大消費地に売り込むのと、地元の道の駅で名産物として販売するのとはわけが違う。パッケージ１つとってみても、大都市圏の消費者の購買意欲をそそるパッケージデザインでなければ、勝負にならない。こうした準備はきちんとできているのか、いざ販売開始したときの安定供給は可能か、競争の激しい大都市圏で、一瞬のブームに終わらないためのマーケティング戦略は練られているかといった諸々の検討なしに話を進めるのは危険である。

同じように、最近では海外での見本市などの誘いも盛んに行なわれている。ただし、海外輸出、拠点進出となれば、会社側の体制も相当整備しないといけない。小口の引き合いをもらってきても、通関手続きなどの煩わしい業務を外注できるところは少なく、採算を取るのは難しい。中期的な展望に基づいて、体制を整備しながら進めていくことが必要だろう。

そのM&Aは、事業経済性に適っている?

ローカル経済圏においても、業績不振や後継者不在といった企業をめぐって、地域金融機関がM&Aの仲介業務を扱ったりするケースが増えている。成長著しいローカル企業ともなれば、取引金融機関から、「ノンネームですが(とはいえ、ローカル経済圏の狭い社会では、〝ノンネーム〟といっても、大体どこかわかってしまうが)、〇〇業で売上〇億円程度の企業が、後継者難で事業売却をお考えです。ご興味ありませんか?」といった打診を受けることはよくあることだろう。

このときも、当たり前のことながら、あなたの会社の事業とのシナジー、同業であれば、規模の拡大、営業エリアの拡大あるいは密度の上昇が事業経済性に適っているか、冷静に考える必要がある。さらに、売り手が業績不振企業である場合、会社ごと買うのがよいか、事業譲渡の形で、事業に関わる必要な資産と人材のみ引き取るのがよいかなど、慎重に検討しないといけない。

地元でのシェアアップを目指し、慌てて業績不振の競合企業を会社ごと買収したところ、再建に多額の追加費用をつぎ込まないといけなくなり、想定外の大きな負担となったなどということはよくある話だ。このようなことがないように、丁寧なデューデリジェンス、スキームを検討したうえで取り組んでいただきたい。

25 事業再生に協力してもらうための銀行との付き合い方

苦境に陥った原因は率直かつ正直に

「このままいくと当社は2期連続の赤字だ。こんなことになった原因は、急激な中国経済減速による外的環境の悪化だ。海外からの受注が好調だったタイミングで見込み生産した製品が在庫の山になり、資金繰りを圧迫している。でも、こんなこと一時的な話。今季を乗り切れば来季以降しっかりかりと売りさばけばいい。とりあえず、関連会社に在庫を押し込んで、一部今期の売上に計上して調整しよう。メインバンクには、大量受注による増加運転資金として申し込めばいいか……」

さすがに、こんな粉飾決算まがいのことを、多くのローカル企業が考えているとは思わないが、足元の資金繰りの悪化や赤字転落の原因を〝外的環境のせい〟と簡単に片づけて、中長期的な売上減少や収益力低下といったトレンドから目を背けてはいないだろうか。

資金繰りの悪化や赤字転落が、本当に一時的な要因であればよいが、10年単位で経営実績を眺めてみたときに、ずっとダウントレンドが続いていれば、足元の赤字転落は、その先の〝破綻〟へと続く通過点にすぎないかもしれない。

表面数字を糊塗するよりも、苦境に陥った原因を、短期的な要因のみならず、中長期での自社事業の収益力の変化という形で捉え直し、根本原因を探り、そこを塞がなければ、いずれさらに厳しい状況となってしまうだろう。

我々の経験でも、〝もう少し早くご相談していただけていれば……〟と感じるケースは少なくない。根本原因から目を背け、長い年月にわたり表面財務数字を糊塗するのに汲々とし、目先の投資抑制や人件費抑制等で対応した結果、製品の品質が低下したり、人材流出やスキルの低下など、会社の製造技術の根幹が傷んでしまっているローカル企業なども散見される。

まずは冷静に、業績悪化の要因を分析し、過去の投資判断の誤りなども率直に自己批判することが必要だろう。

人間誰しも、過去の失敗を認めるのはつらい。だが、この根本原因究明が甘いと、あとに続く打ち手の考察がピント外れなものになってしまう。

なお、こうした状況については、メインバンクと早めに相談し始めたほうがいいだろう（もちろんこれまで述べてきたよき相談相手としての条件を満たすメインバンクであることが前提だが……）。メインバンクの紹介で外部コンサルタント等の専門家を入れることも有効だ。いずれにしても、第三者の目線で、こうした根本原因を究明するのと合わせ、初期段階から相談を始めておくことで、メインバンクの協力を取り付けておかないと、他行も含めた取引銀行団の協力体制を構築することは、まずできない。

売上は保守的に、経費をどこまでコントロールできるか？

業績不振の企業の改善計画として見かけるものは、コストから逆算して、必要な売上数値を〝売上予測〟として計画に掲げてしまうやり方だ。

なんで、これまで数年にわたって低下傾向にあった売上が、急激に反転するのかと聞かれると、「これからは社長の私自ら陣頭指揮で営業拡大に奔走する」というような、根性論しか返ってこないことが多い。

でも、こんな計画では、蒙古軍を一撃で吹き飛ばすくらいの神風でも吹かない限り達成はおぼつかない。

そもそも売上は顧客、市場が相手であり、環境要因にも左右される。大和魂だけで、急激に売上が反転するくらいなら、誰も苦労しない。だいたい、ローカル企業においては、営業部隊の商品知識等のスキルやマインドセットが大幅に低下しているケースが少なくない。営業部門のマネジメントがＰＤＣＡの回し方も理解していないケースも多い。こうした状況で、営業部隊の立て直しは容易ではない。一定の時間もかかる。

そのため、経営改善計画の立案にあたっては、まずは、売上は保守的に作る必要があるだろう。そして、その保守的な売上でも利益が創出できるコスト構造、固定費削減を考える。間違っても、現在のコスト構造を前提とした売上計画を作ってはいけない。

金融機関の審査部門が経営改善計画を見るときは、保守的な売上予測に基づいて、それでも利益が出せる経費構造になっているか、ということを見る。もちろん販売面で何もしないでよいわけではないが、今ある引き合いから取りこぼしを減らすようＰＤＣＡを強化する、といった具体的な対応策で説明できる範囲でなければ、計画の蓋然性について納得は得られないだろう。

リストラにもお金がかかる

さて、こうして経営改善計画を作ってきたはよいが、余剰人員の削減とか、遊休資産の売却といったコスト削減策が盛り込まれているにもかかわらず、そのための一時費用が織り込まれていないといったことはないだろうか。

リストラにはお金がかかるもの。まさか退職金も支払わずに希望退職はできないし、再就職支援のコストが必要になることもある。遊休資産を売却するために、工場を集約したり、設備を移転、廃棄したりすると、そのコストがかかるほか、土壌改良のコストが発生するケースなどもある。また、弁護士、会計士などの外部専門家に相談すれば、その費用も見ておかなくてはいけない。

こうした構造改革費用を、損益はもちろん、キャッシュフローや資金繰り上も織り込んでおかないと、計画自体が頓挫することになる。

構造改革を進める計画当初の期間は、こうしたリストラ策の実施時期に合わせてキャッシュアウトを織り込んで、資金繰りを月次、日繰りできちんと作成し、資金繰りが回るかどうか検討しておくことが必須である。

銀行への依頼事項はリスケジュール？　ニューマネー？

構造改革費用も織り込んだキャッシュフロー計画ができあがった時点で、財務キャッシュフロー上、約定弁済を継続しても、計画期間中きちんと資金が回るのであれば、ハッピーだ。

しかし、ローカル企業にとっては、業績の悪化によって従来どおりの年度資金の調達が、少なくとも一部の取引金融機関との間で困難になっているがゆえに、こうした経営改善計画を策定せざるをえなくなっていることが普通だろう。

キャッシュフロー計画を見直して、ある時点以降、約定返済をやめればこうした構造改革費用のキャッシュアウトも含めて賄いきれるのであれば、リスケジュールをお願いすることになるだろう。

しかし、約定返済をやめただけでは構造改革費用や事業継続に向けた設備投資資金が賄いきれない場合もある。こうした状況で後先を考えずに、とりあえずリスケジュールのお願いをしてしまうと、結構面倒なことになる。金融機関では、返済猶予という形のリスケジュールをしてしまうと、返済猶予期間が終了して、計画の達成状況を確認し、返済を再開するまでの間、ニューマネーを貸し出すことが、非常に厳しくなる。返済猶予をお願いしてしまってから、投資資金の計上漏れにあっと気がついてメインバンクに走っていっても、どうにもならないことになりかねないのだ。

事業改善計画をもとに返済猶予をお願いするのか、計画の達成を前提に約定弁済は継続するものの、メインバンクを中心に、シンジケートローン等の手法も検討しつつ、取引銀行協調で年度資金の支援をしてもらうのかなど、取引銀行団に何をお願いするのかということは、最初によく考えないといけない。

ここも、まずはメインバンクにありのままのキャッシュフロー計画を説明する中で、どのような選択肢がありうるか率直に協議しておくことが重要だ。

計画の打ち手は、あとあと拾える数字？（でないとPDCAは回らない）

売上の増加施策、コスト削減施策等については、経営改善計画説明時に銀行団から詳細な内訳を求められるのが普通だ。何とか取引金融機関の理解を得ようと、苦し紛れにいろんな打ち手を盛り込んで、ようやく2年間の返済猶予の合意に漕ぎつけたとしよう。

この2年間は毎月、業績の計画対比の実績や、銀行別の借入残高（誰かが抜け駆け回収していないか！）を求められ、少なくとも四半期、半期単位では試算表や計画対比で予定していたコスト削減施策や、販売増強施策の打ち手ごとの効果が計画比でどうなっているかの説明を求められる。場合によっては、〝モニタリング会議〟と称する取引金融機関団を一堂に会しての会議で説明を求められたりする。

このときになって、計画時に掲げていた打ち手の効果の数値が、社内のシステム上、あるいは管理上の都合で拾えないということがあると、途端に説明が面倒になる。つまり、予定していた施策のうち、どれが効いていて、どれが効いていないか、わからない状態では、ＰＤＣＡの回しようがないのだ。

業績全体が計画を上回っているときはまだしも、計画を若干でも下回ったりすると、次の四半期、どうやって計画にキャッチアップするか、説明が不可能になる。

取引金融機関との関係はもちろん、社内でも、管理できない数字を目標として貼り付けても、誰も動けないので、どうしようもない。結果的に、やみくもに「みんながんばれ」を連呼するだけの社内運営では、計画の達成はおぼつかないだろう。

もともと、業績不振に陥るローカル企業においては、管理面が弱く（事業オーナーの皆さんは、営業や製造技術など事業への情熱を持って創業、経営している方がほとんどで、管理部門に十分なスタッフを張る人的余裕が乏しいことが多い)、事業別の収支構造や、販売の案件管理、コスト構造の分析など手作業に頼らざるをえないケースも少なくない。こうした実績管理等の管理業務は、それ自体収益を生み出すものではないが、やはり経営の見える化によって、ローカル企業オーナー自身がリアルタイムの経営判断に役立てられるようになっていないと、経営改善、企業再建は難しい。

打ち手を立案する際に、実績把握は可能かどうか、必要な経営データを管理するためにはどのような体制が必要か(もちろん多額のシステム投資などはできないが)、きちんと考えて準備しておくことが肝要である。

全取引金融機関に説明するのは四半期に1回でも、社内的には毎月実績が管理されていて、遅れている施策を重点的に推進するなどPDCAを回していかなければ、経営改善計画自体が失敗に終わりかねない。

改善計画の出口をどうするか

経営改善計画はできた。モニタリングもできる——。ここで重要なのは、計画の出口をどう考えるかである。

計画期間に、取引金融機関に約定返済を猶予してもらい、その間構造改革を徹底的に進めてキャッシュを生み出す力を回復し、返済猶予期間終了時点で、有利子負債の総額が、EBITDAの5倍から7倍（これは業種によってもう少し幅があってもよいが）といった水準に収まっていれば、外部環境の変化による多少のボラティリティはあるものの、十分借入の返済能力があると見てよいだろう。

しかし、有利子負債の償還に十分なキャッシュフローが得られないということであれば、実は計画自体が成り立っていない。事業構造改革を一通り終えても、借金の元利払いに汲々として、持続的に事業を継続するための再投資資金等はどこからも出てこない状態だからだ。

こうした場合、単に返済猶予をしてもらっても、一時の延命策にしかならず、結局設備の陳腐化等で競争力を失い、ジリ貧となることが明白だ。

だからといって、地元で歴史のあるローカル企業オーナーとしては、簡単に諦めはつかないだろう。その気持ちはよくわかる。でも、こういった延命策を続けるうちに、老朽化した設備、低賃金で無理な操業を継続し、幾度となく人員整理を繰り返すというリストラクチャリングの螺旋階段をぐるぐると降りていくことになってしまう。

事業性を客観的に評価し、〝これは出口の絵が描けない〟と判明したときは、メインバンクと債務の処理方法などを真摯に協議したうえで、資本力のある第三者に事業を売却するなり、たび重なるリストラコストで体力を消耗しきらないうちに、事業を清算するという決断も必要である。

名門企業であればあるほど、オーナーにとってこの決断には勇気がいる。しかし、名門企業がリストラに次ぐリストラを重ねたうえで、ある日突然死するほうが、オーナーにとっても不名誉であるし、取引先や従業員への影響も計り知れない。時には、秩序ある名誉の撤退ということもローカル企業オーナーの重要な経営判断の1つなのだ。

エピローグ

プロローグで登場した居酒屋チェーン企業の2代目、中田社長の会社は、結局どうなったのだろうか。エピローグは2パターン用意してある。映画やゲームでよくある「もう1つのエンディング」だと捉えてもらえればと思う。

エピローグ1

《再び社長室にて》

A社にとって、社長の中田にとって、この1年は、終わらないモグラ叩きゲームのように、多くの問題と試練に次から次へ直面し、戦ってきた年だった。どうして悪いときには悪いことがこうも重なるのかと不思議に思ったものだ。

その過程の中で、古参の幹部の何人かは去っていった。父親の代から仕えてくれていた川村と神山が去っていったのは心が痛むことだ。また、これまで家族同様の付き合いをしていた社員の何人かにも辞めてもらった。父親が心血を注いだ事業の一部は撤退、売却もした。

それらの行為は、つらいことでもありさみしさが伴うことでもあったが、ただ、その痛みと引き換えに、得たものは大きいと感じている。

「昨年の今頃は、会社の倒産を覚悟した。ただ、あのときの銀行の支店長の言葉を聞いて、倒産覚悟で思い切った施策をやりきった。つらいこともたくさんあったが、そのおかげで業績も確実に回復、組織も若手を中心に活性化してきている……」

中田にとって、最もうれしかったことの1つは、こういった痛みを伴う施策や細かい地道なオペレーション改善の取り組みに対して、心ある社員からの反応がとてもよかったことだ。率先して彼らが動き出してくれたことが、会社の歯車が好転しだした一番の原動力といってもいい。

トントン。秘書の古屋が入ってきた。

「社長、○×銀行の玉田支店長がいらっしゃいました」

玉田はいつもように、社長室のソファに浅く座りながらしゃべりだした。

「社長、こんにちは。少しずつ春らしくなってきましたね。最近の調子はいかがですか？これまでのモニタリング会議等々でご報告いただいている数値を見る限り、足元の業績は順調そうですし、歓送迎会シーズンの売上も好調そうですね」

社長は少しほほを緩ませながら、

「うーん、そうですね、社員のみんなのおかげで、ずいぶん上向いてきてはいますが……。でも、ここで油断をするわけにはいかないですからね。まだまだです」

と慎重に話した。玉田は、うなずきながら、こう語った。

「そうですね。ぜひその気持ちでがんばっていただければ、私もうれしいですし、弊行としても応援し甲斐があります。ところで、今日ご訪問させていただいたのは、実はこの春、私は異動になりまして、そのご報告とごあいさつに参りました。次の支店もこの町と同じくらいの規模の地方都市になります。社長には長い間、本当にお世話になり、勉強もさせていただきました。数々の失礼な発言も、貴社に対する思いの表れということで、ご容赦ください」

「そうでしたか……。いえいえ、こちらこそ。玉田支店長が1年前に活を入れてくださらなければ、我々はズルズルとあの状態を続けていたような気がします」

玉田は中田の言葉に少しうなずきながら続けた。

「私は、御社のこの1年を見ながら、ローカル企業の復活のカギは何なのか？　自分なりに考えてみました。もちろん、テレビドラマの『下町ロケット』のように、ユニークな技術を持っているとか、アイデアあふれる経営者がいるとか、それはそれですごいことだと思うのですが、一方で、実際のところ、そういったものを持っているローカル企業は極々一部だと思うんですよね」

「まあ、そうですよね。そんなドラマみたいな話はそうはないですよね」

中田は微笑みを浮かべながら玉田の言葉に同意した。

玉田も笑みを浮かべ、中田の目を見ながら続けた。

「御社を見て、改めて思いましたが、そういったスペシャルなものを持っていない企業が生き残っていくためには、自分たちがやるべきことを冷静に判断し、コツコツやっていく、それが一番の近道だと思うんですよね」

お茶を飲み、のどをうるおわせながら、中田は話した。

「世の中の復活劇は新製品が奇跡的に大ヒットしただとか、海外で技術を認められただとか、華々しい話が取り上げられがちですが、必ずしもそういうわけではないと、私も思います。たとえば東京に出て勝負をするというのは、それはそれでロマンがありますが、すべての企業ができるわけじゃない。ただ、このエリアで一番になるのは努力次第でどんな企業にもできることのような気がします。東京、世界に向かうにしても、まず地域で一番になってから。ロッキーでもない限り、市民大会でチャンプになれないボクサーが世界チャンプにはなれないですからね」

玉田はその言葉を補足するかのように話した。

「たしかに。次の支店でも『青い鳥は地方にいる』という言葉を教訓に、いろいろな企業のご支援をしていきたいと思います」

エピローグ2——もう1つのストーリー〈撤退〜事業譲渡編〉

エピローグ2は、中田社長のもう1つのストーリーだ。この3年間、会社はできることをすべてやり切った。銀行には金融支援をお願いし、事業の売却、拠点の閉鎖、人員リストラも実行した。中田社長としてもできる限りのことはやったつもりだ。銀行には何度も何度も頭を下げた。社員にも痛みを強いた。結果、業績改善はしたものの、自立していくだけの基礎収益力と将来への道筋を作りきることはできなかった。それがマネジメント能力の問題か、外部環境の問題か、答えを見つけるのは難しいが、社長および会社は新しい道を歩みだすことを決断した——。エピローグ2はこのような背景をもとにしたストーリーだ。

《再び社長室にて》

今日が、中田にとって最後の社長室への出社日。そして「社長」という肩書を持つ最後の日だ。明日から中田の会社はスポンサー企業の傘下に入ることになり、中田自身も新しい肩書である外食事業の「事業部長」として働くことになる。

構造改革、業績改善に無我夢中で取り組んだ3年間。そして、それが目標水準にはほど遠く、もがき苦しんだ。この1年間、中田は「この会社の経営者として自分は最適なのだろうか?」「誰かに譲り渡したほうがいいのだろうか?」「そのとき、社員は誰が守ってくれるのだろうか?」「父親から受け継いだこの会社をどうすべきか?」と、さまざまなことを考え、堂々巡りをした。

方向性について決断したのは、今から半年前だ。

今期の中間の数値が見え出し、「こんな数値では今年もボーナスは出せないし、銀行にも顔向けできないな……」と、前年よりさらに下がった数値を中田は苦渋の表情で見つめた。

そんなある日、社長の思いを見越してか、○×地銀支店長の玉田が中田を訪問した。玉田は挨拶もそこそこに、本題を切り出した。

「社長、今の業績の厳しさ、とても悔しくお感じだと思います。真面目な社長のことですから、このままで終われないと思っていらっしゃるでしょう。ただ、このままですと、一番大事な事業の価値が日に日に毀損するのではないかと懸念しています。どうでしょう。御社の宝である事業の価値を一番わかってくれて、業績を向上させてくれる存在・会社に事業を譲渡するというのは？」

その言葉を聞いたとき、中田は「驚き」が半分と、「やっぱり」が半分という複雑な心境になった。

中田自身、当然のことながら個人の生活がある。一族の名誉、資産の問題も考えなければいけないし、会社に対するこだわりもある。

ただ、一番大事なのは「事業」であり、「従業員」だ。では、その「事業」「従業員」を最も活かすのは自分か。もしくは今の会社の枠組みか。そう問われれば、「イエス」とはとてもいえない。会社には、店舗投資資金も従業員に報いるだけの十分な給与を支払う余力もない。正直、自分のマネジメント能力にも限界を感じている。

そう考えていくと、結果的にとるべき道は1つしかなかった。実は、これまでも、他社への売却が頭をかすめたことは何度かあったのだが、そのたびに、「逃げてはいけない」と自分に言い聞かせていた。

ただ、今回は違う。事業を守るには、この道しかないと信じ、他の経営者、スポンサーの下での再出発する覚悟を決めた。役職員たちの動揺や反論する姿が思い浮かんだが、誠心誠意説明して理解してもらうしかない。

それ以降は、不思議なほど、トントン拍子に話が進んだ。地元でこの数年、力をつけてきたA社がスポンサー候補として名乗りを上げてくれた。金融機関もさまざまな面で支援してくれた。買収金額、雇用維持などの買収条件の面もそうだが、最終的にはA社社長の「貴社と一緒になって、このエリアのダントツナンバーワン企業になりましょう」という言葉に感銘を受け、A社への売却を決定した。

秘書の古屋が入ってきた。

「社長、○×地銀の玉田支店長がいらっしゃいました」

玉田はいつもように、社長室のソファに浅く腰掛けながら話し始めた。

「社長、こんにちは。少しずつ春らしくなってきましたね。最近の調子はいかがですか？　今日、社長が最終日だと思い、ご挨拶に伺いました。これまで本当にお疲れ様でした」

中田は、完全に気持ちの整理はできていた。

「いえいえ、玉田支店長、こちらこそ大変お世話になりました。こんなにスムーズに取引が進んだのも貴行のおかげです。引き続き、我が社、あっ、明日からはA社ですね。引き続きの貴行の皆様のご支援のほど、お願いします。店のほうもぜひ使ってください」

それを聞きながら、玉田も中田の会社に金融支援をしたことが正しかったのだと、改めて感じていた。

「それはもちろん、ぜひご支援させていただきますよ。お店のファンとしてこれからも利用させていただきます」

玉田は続けた。

「より事業をよくしてくれる経営者、会社に自社の事業を譲るという今回の中田社長のご決断は、事業再生を単独でやりきるのと同じくらい勇気ある決断だと思いました」

過去数年の出来事が走馬灯のように中田の頭の中を駆けめぐった。

「そうですね。周りの人からどう見えるか気にならないわけではないのですが、会社、従業員のことを考えると、これがベストな選択だと確信しています。中途半端な見栄や虚勢で、覚悟もないのにズルズルと経営を続けるのはよくありません。これまでの我々の経営では従業員の賃金もろくに上げられませんでしたが、A社さんの下に入ればそれも期待できます」

玉田は中田の目を真っ直ぐに見ながら話した。

「実は社長、私も今の支店から異動になります。私の支店長期間中、社長とご一緒でき、御社の変革期に立ち会えたのは大変光栄でした。会社の再生にはいろいろなやり方がありけます。次の支店でも、この会社・事業をよりよくするにはどうすればよいのかを考え続け、既成の枠組みにとらわれることなくがんばりたいと思います」

第1章で紹介したLow Hanging Fruits（低いところにぶら下がっている果物）という言葉を覚えているだろうか。この本でお伝えしたかったこと、繰り返し述べてきたことは、ローカルな中堅・中小企業、そしてローカル経済全体は、この「Low Hanging Fruits＝改善余地の宝庫」ということだ。それは我々が、ローカル企業の再生の中で毎回毎回感じてきたことであり、確信を持って言い切れることである。

ただ、その確信は本気で経営改革をやる気がある経営者、リーダーに向けてのみであり、その気がない場合は会社を畳んだほうがいい。エピローグ1は本気で経営改革をやり切ったストーリー、エピローグ2は、自分には限界があると早めに認識し、経営権を譲り渡したストーリーだ。ときに「畳む、手放す」ほうが、会社、経営者、銀行、株主の痛みを最小化できることは少なくない。

我々は、やめどきを間違え、膨らんだ借金、個人保証などで二進も三進もいかなくなった企業や経営者の例をいくつも見てきた。自ら「辞める」という決断をできるのは、これまでの人生を一見否定するようにも見えるが、事業を守るという大義のためには、勇気ある意思決定といえるだろう。

また、その決断は、個人、従業員に限った話ではない。勇気ある撤退は、経営者本人は気づかなくても、その産業の効率性を上げ、エリアの新陳代謝を促進し、さらには、労働人口の流動化も進めることになり、ローカル経済圏を活性化させるうえで、極めてポジティブなインパクトといえるのだ。

一見、青い鳥など飛んでいなさそうに見えるローカルエリアではあるが、中田社長のように真摯に努力をし続ける企業、経営者は、必ずそのエリアで青い鳥を見つけることができる。我々はそう確信している。

それは、エピローグ1のように単独での自主再生なのか、エピローグ2のように、別の道を歩むのか、道筋や手法はさまざまだが、「事業」が継続できることがすべてのベースになる。

この本では、我々の実体験、ノウハウをできる限り書いたつもりだ。経営改善の気概を持つ企業、経営者、社員の皆さんにとって、明日からの活動への何かしらのヒント、参考になれば大変うれしく思う。また、時に我々のような伴走者が必要であれば、一緒に「未来あるローカル企業」へと脱皮、変身するサポートができれば、これ以上の喜びはない。

ＩＧＰＩ流　ローカル企業復活に向けた「心構え」

第一条　【ローカル企業は「改善の宝庫」】

ローカル企業でダメだとされている理由のほとんどは、裏返せば、そのまま成功する根拠に置き換わる。自分たちの可能性を信じ、本気で経営改革に取り組めば、ほとんどの業種で業績を大幅に向上させることは可能だ。

――可能性を信じ続けよう――

第二条　【見える化は、会社が変わることへの第一歩】

自社の中で何が重要で（儲かっていて）、何がそうでないのか（儲かっていないのか）、会社を徹底的に「見える化」したうえで、やるべきことを仕分けし、クリアにする。

それが復活に向けた第一歩だ。

――まず、顧客別、製品別の分析からはじめよう――

第三条【勝てるところを見定め、そこで絶対に勝つ】

収益性、投資採算性などの定量的な評価、競争優位性などの定性的な評価を踏まえて、「ここここそが、自分たちが経営したほうがよい領域だ。少なくとも町一番にうまく経営できる」と思える領域に集中すべきだ。

――誰より自分が経営したほうが勝てる事業に集中しよう――

第四条【不決断こそが最大の害悪】

事業売却や従業員リストラなどは大きな心労を伴う。誰にとってもつらい決断だ。ただ、その決断から目をそらして逃げていても、何もいいことはない。捨て去ることは、経営力そのものといってもいい。

――捨て去るべきものを直ちに3つ挙げてみよう――

第五条 【千里の道も一歩から】

事業を長期に継続するには、地道な活動、改善施策の積み上げが必要だ。企業の筋肉は一朝一夕では身につかない。日々の不断の努力が必要だ。

――コツコツPDCAを回し続けよう――

第六条 【Cool Head、Warm Heart】

経営改革を断行するには熱い思いが不可欠である。だが、熱い思いだけでは従業員も銀行もついてこない。とくに融資、出資などお金が絡む場合、構造改革の意思決定と断行には、その覚悟を裏付ける数値的根拠が必須だ。為すべきことを従業員、銀行、ステークホルダーのすべてに「腹落ち」させるのはリーダーの仕事だ。

――数字と思いで周りを巻き込もう――

第七条 【青い鳥はローカルでまず探す】

市民チャンピオンにもなれないのに、都会に進出するのは危険だ。都会は、市場は大きいが、その分競争も非常に激しい。まずは自分のエリアできっちり勝負することを考えるべきだ。

——隣の芝生は青いという迷いを捨て去ろう——

第八条　【裸の王様にならない】

長く経営の座、権力の座にいると、ほぼ間違いなくイエスマンに囲まれる。それによってダメになった会社組織は山のようにある。他人に迎合する。空気を読んで忖度する。その風土は大敵だと知らしめないといけない。

——誰よりも先に悪い情報が耳に入る関係性をつくりあげよう——

第九条　【読み書きそろばんはすべての基本】

会社の実態を正しく見て、決断するには、簿記・会計・法務・税務などの基本的なスキルは必須だ。そのベーススキルがなければ、複雑に絡み合って見えにくい経営課題を洞察することはできない。

——基礎を常に磨き続けよう——

第十条 【良薬は口に苦し】

「金利が安い」「うるさいことをいわれずに融資が通る」といった理由で銀行を選んだり、取引銀行を増やしてはいけない。事業をよく理解し、デットガバナーとしての自覚を持って指摘してくれる銀行を大事にすべきだ。オーナー系企業のガバナンスのためにも、メイン銀行とのよい意味での緊張感は非常に重要だ。

——物言う銀行を大事にしよう——

第十一条 【会社はあくまで器】

稼ぐ仕組みの「事業」をうまく運営する「器」が株式会社である。稼ぎ続けてこそ、従業員や銀行や地域との健全な関係性が保持できる。そのため、その事業の潜在力を最大化できる「器」か否かは本質的な問いなのだ。引っ越しや転職をするように、「事業」の売買も考えてみてはどうか。自分の「会社の看板」を守ることにとらわれて、事業を腐らせてはならない。

——「自社がすべき『選択と捨象』とは?」に答えを出そう——

第十二条　【為せば成る、為さねば成らぬ何事も】

企業努力、がんばり次第でどんな企業も、それぞれの事業領域での市民チャンピオンになれるはずだ。そして、市民チャンピオンのベルトの獲得、防衛を続けていけば、自社の発展だけでなく、その地域の発展にも貢献できるはずだ。

——ローカルチャンピオン企業を本気で目指し、地域の活性化の核になろう——

〈執筆者〉

斉藤　剛（さいとう・たけし）
経営共創基盤（IGPI）パートナー／取締役マネージングディレクター
東京工業大学工学修士、カーネギーメロン大学理学修士（MS in eCommerce）。CDIにて、事業立ち上げや戦略転換の局面における事業戦略立案と実行プロジェクトに数多く関与。産業再生機構に参画し、複数の支援企業を統括。OCC、カネボウの元取締役。IGPI設立後は、製造業、情報通信、サービス業を中心に、事業創造、成長加速化、事業と財務の一体改革、企業買収と買収後統合などを推進している。文部科学省／経済産業省作業部会委員、農業・食品産業技術総合研究機構有識者会議委員、ISLファカルティ、エクスビジョン社外取締役を務める。

浜村伸二（はまむら・しんじ）
ディレクター
早稲田大学教育学部卒。アクセンチュアにて、製造業、流通業を中心に中期経営計画の策定、BPR/IT戦略の立案・実行支援を実施。その後、産業再生機構にて、製造業を中心に事業再生計画作成、ハンズオンでの経営支援に従事。IGPI参画後は、製造業、小売業、外食業等の事業再生計画の策定・実行支援、M&Aアドバイザリー、投資業務等に従事。

船木隆一郎（ふなき・りゅういちろう）
プリンシパル
東京大学法学部卒。富士銀行・みずほ銀行にて中堅中小企業、大企業のRMを経て、企画業務を担当。新銀行東京にて設立に参画し、創業期から再建フェーズまで事業計画策定・実行業務に従事。その後、九州所在の豊和銀行にて中期計画の策定、営業体制再構築、地域経済活性化貢献策等を総括し、計画達成に寄与。IGPIでは、大手エネルギー企業の財務戦略策定、資金調達支援業務のほか、製造業、小売業等地方企業の再生案件における金融機関調整、金融機関の経営改善・資本政策等を手掛ける。元豊和銀行執行役員。原子力損害賠償・廃炉等支援機構参与。

梅原美樹（うめはら・みき）
ディレクター
東京女子大学文理学部卒。日本アイ・ビー・エム株式会社にてSI、コンサルティングに従事した後、同社本社部門において、IBM・PWCC合併に伴うPMI、BPR、組織改革、子会社新設・売却、資本・業務提携等を担当。IGPI参画後は、中期経営計画立案、全社戦略立案、新規事業開発、ハンズオン支援等に従事。外食業、小売業、製造業、学校法人等、地方企業含め、数多くの事業再生案件に携わる。

冨山和彦（とやま・かずひこ）
経営共創基盤（IGPI）代表取締役 CEO
1960年生まれ。1985年、東京大学法学部卒。在学中に司法試験合格。1992年、スタンフォード大学経営学修士（MBA）。ボストン コンサルティング グループ、コーポレイト ディレクション代表取締役を経て、2003年、産業再生機構設立時に参画し、COOに就任。解散後、IGPIを設立、数多くの企業の経営改革や成長支援に携わり、現在に至る。オムロン社外取締役、ぴあ社外取締役、経済同友会副代表幹事。財務省財政制度等審議会委員、内閣府税制調査会特別委員、内閣官房まち・ひと・しごと創生会議有識者、経済産業省産業構造審議会新産業構造部会委員等を務める。著書に『稼ぐ力を取り戻せ！――日本のモノづくり復活の処方箋』（日本経済新聞出版社）、『選択と捨象――「会社の寿命10年」時代の企業進化論』（朝日新聞出版）、『決定版　これがガバナンス経営だ！――ストーリーで学ぶ企業統治のリアル』（東洋経済新報社）、『ビッグチャンス――追い風の今、日本企業がやるべきこと』『なぜローカル経済から日本は甦るのか――ＧとＬの経済成長戦略』（以上、PHP研究所）などがある。

経営共創基盤（けいえいきょうそうきばん）
Industrial Growth Platform, Inc. (IGPI)
2007年創立。企業経営者、経営コンサルタント、財務プロフェッショナル、会計士、税理士、弁護士等180名の人材を有する。常駐協業型経営支援、事業・財務連動アドバイザリー、出資先の企業経営等、IGPIならではのプロフェッショナルサービスを通じて、企業価値・事業価値向上への道筋を顧客企業と共に創り出している。主な出資先・関連企業に、みちのりホールディングス、IGPI上海、IGPIシンガポールがある。

PHP
Business Shinsho

PHPビジネス新書 351

IGPI流
ローカル企業復活のリアル・ノウハウ

2016年3月3日　第1版第1刷発行
2025年3月27日　第1版第3刷発行

著　　者　冨山和彦
　　　　　経営共創基盤
発行者　永田貴之
発行所　株式会社PHP研究所
東京本部　〒135-8137　江東区豊洲5-6-52
ビジネス・教養出版部　☎03-3520-9619（編集）
普及部　☎03-3520-9630（販売）
京都本部　〒601-8411　京都市南区西九条北ノ内町11
PHP INTERFACE　https://www.php.co.jp/
装　　幀　齋藤 稔（株式会社ジーラム）
制作協力・組版　有限会社メディアネット
印刷所
製本所　大日本印刷株式会社

ISBN978-4-569-82965-4

「ＰＨＰビジネス新書」発刊にあたって

わからないことがあったら「インターネット」で何でも一発で調べられる時代。本という形でビジネスの知識を提供することに何の意味があるのか……その一つの答えとして「**血の通った実務書**」というコンセプトを提案させていただくのが本シリーズです。

経営知識やスキルといった、誰が語っても同じに思えるものでも、ビジネス界の第一線で活躍する人の語る言葉には、独特の迫力があります。そんな、「**現場を知る人が本音で語る**」知識を、ビジネスのあらゆる分野においてご提供していきたいと思っております。

本シリーズのシンボルマークは、理屈よりも実用性を重んじた古代ローマ人のイメージです。彼らが残した知識のように、本書の内容が永きにわたって皆様のビジネスのお役に立ち続けることを願っております。

二〇〇六年四月

ＰＨＰ研究所

PHPビジネス新書

IGPI流

ビジネスプランニングのリアル・ノウハウ

冨山和彦／経営共創基盤 著

もしもあなたが事業計画を作成することになったら……。ビジネスプランの意義、目的、作成手法、そして事業戦略までがわかる一冊。

PHPビジネス新書

IGPI流

経営分析のリアル・ノウハウ

冨山和彦／経営共創基盤 著

勤めている会社は大丈夫か？ 取引先は？ 会社再生のプロが実践する37の手法。メーカー、小売・卸、飲食ビジネスなどエピソード満載！